아는 만큼 보이는 시리즈 ❷

아는 만큼 보이는 고사성어 40

이룸아이
ERUM I BOOK

글 고성욱 | 그림 이종은

초판 2쇄 발행 2017년 7월 10일
발행처 이룸아이 **발행인** 송수정
편집 강정현, 김현좌 **디자인** 김진영, 이성숙
주소 서울시 마포구 월드컵북로 400 문화콘텐츠센터 5층 1호
전화 02-373-0120 **팩스** 02-373-0121
등록 2015. 10. 08 (제2015-000315호)
ISBN 979-11-957671-2-0 979-11-957671-0-6(세트)

홈페이지 www.eribook.com

- 이 책에 실린 모든 글과 그림을 무단으로 복사·복제하는 것은 저작권자의 권리를 침해하는 것입니다. ⓒ이룸아이, 2016
- 잘못된 도서는 구입하신 서점에서 교환하실 수 있습니다.

작가의 말

고사성어, 신 나는 이야기 놀이터

개학이 코앞에 다가왔어요. 방학 숙제는 아직 반도 못 했는데 말이죠! 그건 그래도 괜찮아요. 열심히 하면 하루에 끝낼 수도 있거든요.
문제는 일주일에 세 번씩 써야 하는 일기를 아직 반도 안 썼다는 거예요.
'아, 밀린 일기는 어쩌지?'
이번 방학만이 아니에요. 방학마다 늘 똑같았어요. 그래도 이번엔 정말 단단히 결심했는데……. 그리고 며칠은 실천도 잘했는데! 그러나 '작심삼일', 딱 그거였어요.

학교가 끝났어요. 그냥 집으로 돌아가기가 조금 서운했어요. 종일 앉아서 공부했더니 몸이 근질근질했거든요. 그때, 등 뒤에서 윤수 목소리가 들렸어요.
"이준아."
나는 대답하면서 물었어요.
"왜, 축구하자고?"
"헐!"
윤수의 눈이 왕방울이 되었어요. 어떻게 알았느냐는 뜻이에요. 헤헤헤, 척하면 척 아닌가요? 그래서 친한 친구는 '이심전심'이라잖아요.

작심삼일, 이심전심. 이런 말들을 '고사성어'라고 합니다. 고사성어는 '옛날의 어떤 일에서 비롯된 표현이 사람들 사이에서 습관적으로 자주 사용되어 굳어진 글귀'예요.
위의 글에서 '작심삼일', '이심전심'과 같은 고사성어를 사용하지 않았다면 글이 조금

심심했을 거예요. 그런데 상황에 어울리는 고사성어가 하나씩 양념처럼 들어가니까, 훨씬 맛있는 글이 되었어요. 이게 바로 고사성어의 매력이랍니다.
우리말에서 널리 쓰이는 고사성어를 모르면, 글을 읽거나 대화를 나눌 때 이해하기 어려운 문장이 꽤 많이 있어요. 특히 고전문학과 같은 작품들은 고사성어를 모르면 이야기를 거의 이해할 수 없답니다.

감언이설, 용두사미, 천고마비, 대기만성, 일거양득, 다다익선, 죽마고우……. 모두 생활 속에서 흔히 들을 수 있는 고사성어예요. 이런 고사성어에는 우리 조상들의 지혜와 교훈이 들어 있어요. 비록 글자 수는 짧지만, 그 안에 아주 많은 의미를 담고 있어요.
모든 고사성어는 반드시 그런 표현이 나타난 유래가 있답니다. 고사성어를 진정으로 이해하기 위해서는 그 유래를 알아야 해요.
이 책은 다양한 고사성어의 유래를 담은 이야기 놀이터예요. 한번 책을 펼쳐 들면 그 재미에 빠져 책을 덮기가 쉽지 않을 거예요. 그러다 보면 어려운 고사성어를 저절로 익힐 수 있지요. 이렇게 익힌 고사성어는 여러분의 언어생활과 국어 실력 향상에 아주 커다란 도움을 줄 거랍니다.

생활의 지혜가 담긴 고사성어를 통해서 여러분의 실력은 '일취월장'하고, 다른 사람을 설득하는 능력은 '군계일학'인 존재가 되었으면 정말 좋겠습니다.

- 양재천에서 고성욱

이 책의 활용법

한 번 배우면 평생 쓰는 고사성어!
3단계로 쉽고 재미있게 배워 보세요!

에듀테인먼트 학습법으로 고사성어를 만나 보자!
퀴즈로 만나는 고사성어! 고사성어에 관한 여러 가지 힌트를 보고, 그것이 어떤 고사성어인지 알아맞혀 보세요. 차례대로 힌트를 정리하다 보면, 어떤 고사성어인지 금방 알 수 있어요. 공부가 아닌 놀이로 익힌 학습은 머릿속에 오래 기억된답니다.

에듀테인먼트(Edutainment)
(education, 교육)+(entertainment, 오락)의 합성어로, 기존의 일방적이고 정적인 교육에서 벗어나 게임을 하듯 즐기면서 배우는 신개념 학습법을 의미합니다.

1단계 알쏭달쏭 퀴즈를 풀어요!

고사성어에 관한 호기심을 키우는 단계예요.
옛 어른들의 삶의 지혜가 고스란히 담긴 고사성어! 나는 얼마나 알고 있을까?
자주 쓰이는 40가지 고사성어를 퀴즈로 풀어 봐요!

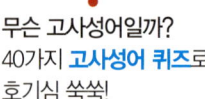

무슨 고사성어일까?
40가지 **고사성어 퀴즈**로 호기심 쑥쑥!

힌트 하나!
고사성어가 쓰이는 상황을 **만화로 보며** 이해 쏙쏙!

힌트 둘!
네 가지 보기 중에 정답은 몇 번? 정답을 찾아내는 재미 쏠쏠!

힌트 셋!
한자 힌트, 초성 힌트, 예문 힌트 등 **다양한 힌트**로 자신감 상승!

2단계 흥미진진 고사성어를 배워요!

고사성어에 대한 흥미를 유발하고 궁금증을 해결하는 단계예요.
"아하! 그래서 이런 고사성어가 생겼구나!"

고사성어의 유래를 읽으며, 그 뜻을 새겨 보아요!

퀴즈에 대한 **정답**

고사성어의 **핵심 정보**를 한눈에!
(한자 풀이, 겉뜻, 속뜻 등)

재미있는 **고사성어의 유래**

3단계 화.룡.점.정! 고사성어를 활용해요!

앞에서 배운 고사성어를 조금 더 깊고 넓게 이해하는 단계예요. 다양한 활동으로,
생활 속에서 직접 활용해 보아요!

다양한 마무리 활동으로 고사성어 완벽 이해!

고사성어 궁금증 해결하기

왜 고사성어를 읽는 게 좋을까요?

고사성어의 고사(故事)는 '예부터 전해 오는 이야기', 성어(成語)는 '사람들이 만들어 사용하는 말'이라는 뜻입니다. 그러니까 고사성어는 옛날에 있었던 어떤 사건에 의해서 생긴 말이, 사람들 사이에 널리 사용되는 것이에요. 고사성어는 이야기의 교훈을 몇 개의 글자로 짧게 압축해서 표현합니다. 그래서 조상들의 경험과 거기에서 우러난 지혜가 담겨 있지요.

이런 고사성어를 알면 무엇이 좋을까요? '온고지신'이란 고사성어가 있어요. '옛것을 익혀, 새것을 안다.'라는 뜻이에요. 과학 문명의 발달 덕분에 우리의 삶은 풍족하고 여유로워지면서 많이 변했어요. 하지만 사랑, 우정, 지혜, 노력, 은혜에 대한 보답 등 삶에 있어서 소중한 가치는 예나 지금이나 크게 달라지지 않았어요. 그래서 고사성어에 담긴 비유와 상징은 오늘을 사는 우리에게도 아주 유용한 교훈을 줍니다.

고사성어의 유래와 배경을 잘 알고, 언어생활에서 적절하게 사용한다면 표현력이 풍부해질 뿐 아니라 다른 사람을 설득시키는 데도 큰 도움을 받게 될 것입니다.

무엇이 다를까요? 고사성어와 사자성어의 차이!

사자성어는 네 글자로 이루어진 성어입니다. 우리가 사용하는 고사성어는 네 글자로 이루어진 게 많아요. 그러다 보니 고사성어를 네 글자로 이루어진 사자성어라고 생각하기 쉬워요.

그러나 고사성어는 사자성어보다 넓은 개념이에요. 고사성어 가운데는 '모순', '사족', '기우', '계륵'처럼 두 글자로 된 것도 있고, '배수진'처럼 세 글자로 된 것도 있습니다. 그런가 하면 '백문불여일견'처럼 여섯 글자로 된 것도 있어요.

그러므로 고사성어를 가리키면서 사자성어라는 말을 사용할 때는 반드시 네 글자로 이루어진 것에 한해서만 사용해야 합니다.

왜 고사성어는 겉뜻과 속뜻이 있어요?

고사성어는 대부분 직역과 의역, 두 가지 뜻이 있습니다. 직역은 '글자의 뜻'을 풀이한 것이고, 의역은 '그 말에 담긴 의미'를 설명한 거예요. 겉뜻과 속뜻이라고도 하지요.

둘 다 의미가 있지만, 속뜻이 좀 더 중요해요. 고사성어는 글자를 설명하는 게 아니라, 그 안에 담긴 의미를 표현하는 것이기 때문이지요.

고사성어의 겉뜻과 속뜻에 대해서 '모순'을 예로 들어 설명해 볼게요. 모(矛)는 '창'이고, 순(盾)은 '방패'입니다. '모순'이라는 말은 창과 방패를 팔던 장사꾼이 세상의 모든 것을 뚫을 수 있는 강력한 '창'과, 세상의 어떤 것도 막아 내는 강력한 '방패'라며 물건을 과장하여 팔았다는 이야기에서 유래한 거예요. 이러한 창과 방패(모순)는 세상에 있을 수 없습니다. 앞뒤가 안 맞는 말이지요. 따라서 모순의 겉뜻은 '창과 방패'이지만, 사람들은 이 말을 '앞뒤가 안 맞는 경우'라는 의미로 사용하는 거예요. 이렇게 고사성어는 그 유래와 배경을 제대로 알고 나면, 속뜻을 바르게 이해하고 사용할 수 있습니다.

왜 고사성어는 중국 이야기가 많아요?

고사성어의 유래를 살펴보면 '초나라, 진나라, 송나라, 전한, 은나라, 제나라……,' 등 다양한 이름의 나라가 등장합니다. 모두 중국의 역사에 기록된 나라들이에요. 중국은 워낙 땅덩어리가 큰 데다가 오랜 역사를 지니고 있어서, 수많은 나라가 등장했다 사라지곤 했어요.

한자로 이루어진 고사성어는, 기나긴 중국의 역사 속에서 생겨난 게 대부분이에요. 중국의 학문과 문물이 우리나라에 들어오는 과정에서 자연스럽게 우리나라에 전해졌어요.

우리나라에도 조상들의 삶과 경험이 담긴 교훈의 말이 많아요. 주로 속담으로 표현되었지만 우리나라 역사를 배경으로 하는 고사성어도 있어요. '함흥차사, 두문불출, 적반하장' 같은 고사성어는 우리나라에서 만들어진 것입니다.

차례

- 작가의 말 • 4
- 이 책의 활용법 • 6
- 고사성어 궁금증 해결하기 • 8
- 고사성어와 중국 역사 알아보기 • 10
- 등장인물 소개 • 14

01 조삼모사 朝三暮四 • 15
02 어부지리 漁夫之利 • 19
03 사면초가 四面楚歌 • 23
04 개과천선 改過遷善 • 27
05 모순 矛盾 • 31
06 함흥차사 咸興差使 • 35
07 우공이산 愚公移山 • 39
08 단장 斷腸 • 43

09 관포지교 管鮑之交 • 47
10 결초보은 結草報恩 • 51
11 호가호위 狐假虎威 • 55
12 사족 蛇足 • 59
13 도원결의 桃園結義 • 63
14 천고마비 天高馬肥 • 67
15 맹모삼천 孟母三遷 • 71
16 삼고초려 三顧草廬 • 75
17 백아절현 伯牙絶絃 • 79
18 형설지공 螢雪之功 • 83
19 각주구검 刻舟求劍 • 87
20 일거양득 一擧兩得 • 91
21 용두사미 龍頭蛇尾 • 95
22 계란유골 鷄卵有骨 • 99

㉓ 다다익선 多多益善 • 103

㉔ 배수진 背水陣 • 107

㉕ 새옹지마 塞翁之馬 • 111

㉖ 마부작침 磨斧作針 • 115

㉗ 대기만성 大器晩成 • 119

㉘ 군계일학 群鷄一鶴 • 123

㉙ 오비이락 烏飛梨落 • 127

㉚ 낭중지추 囊中之錐 • 131

㉛ 백문불여일견 百聞不如一見 • 135

㉜ 기우 杞憂 • 139

㉝ 동병상련 同病相憐 • 143

㉞ 계륵 鷄肋 • 147

㉟ 과유불급 過猶不及 • 151

㊱ 난형난제 難兄難弟 • 155

㊲ 감언이설 甘言利說 • 159

㊳ 구사일생 九死一生 • 163

㊴ 십시일반 十匙一飯 • 167

㊵ 화룡점정 畵龍點睛 • 171

부록 고사성어랑 희희낙락 • 175

다른 그림 찾기, 고사성어 완성하기,
숨은그림찾기, 한자 읽어 보기,
한자 찾아 쓰기, 사다리 타기, 미로 찾기,
알맞은 말 찾기, 어휘력 키우기
고사성어로 게임하기, 정답

≫ 찾아보기 • 192

별도 부록 고사성어 카드, 낱글자 카드

등장인물 소개

호통이

심퉁이

척척이

잘생긴 얼굴, 기나긴 다리, 센스 있는 옷맵시 때문에 인기가 많다고 착각한다. 게임과 축구, 야구를 좋아하며 어려운 처지의 친구를 잘 도와준다.

가끔 형을 믿고 잘난 체하며 심통을 부리기도 하지만 잘못을 깨닫고 사과할 줄도 안다. 운동도, 공부도 호통이와 막상막하의 실력을 지녔다.

열심히 노력한 결과 친구들이 인정해 줄 정도로 그림을 잘 그린다. 자신이 해야 할 일을 척척 알아서 하는 야무진 스타일. 다만 걱정이 지나치게 많다.

엉뚱이

똑똑이

발바리

꼴찌가 전교 1등의 성적을 걱정해 주는 등 엉뚱한 짓을 자주 해 사람들을 깜짝 놀라게 하지만, 친구들에게 늘 즐거움을 준다.

친구들 중에서 가장 똑똑하고 따지기 좋아하는 성격이다. 어려운 일이 생기면 늘 아이디어를 내서 해결한다.

뭐든 했다 하면 열심히 하는 스타일. 입맛이 좋아 마구 먹다 보니 살이 쪄서 운동을 열심히 하고, 엄마가 게임을 금지한 덕분에 공부를 열심히 해서 100점을 받기도 한다.

퀴즈 01

'**아침**에 세 개, **저녁**에 네 개'라는 뜻으로
'눈앞에 보이는 차이만 알고 결과가 같다는 것은 모른다.'는
의미를 담은 **고사성어**는?

❶ 조상모심   ❷ 자석마술   ❸ 장난마소   ❹ 조삼모사

다음 **한자**의 **음**은 무얼까?

朝 아침 ㅈ	三 석 ㅅ	暮 저물 ㅁ	四 넉 ㅅ
아침은 **조식(朝食)**, 점심은 중식, 저녁은 석식이라고 해.	우리나라는 **삼면(三面)**이 바다로 둘러싸여 있어.	한 해가 저무는 시기를 **세모(歲暮)**라고 부르지.	일, 이, 삼, **사(四)**, 오….

정답은 ④ 조삼모사

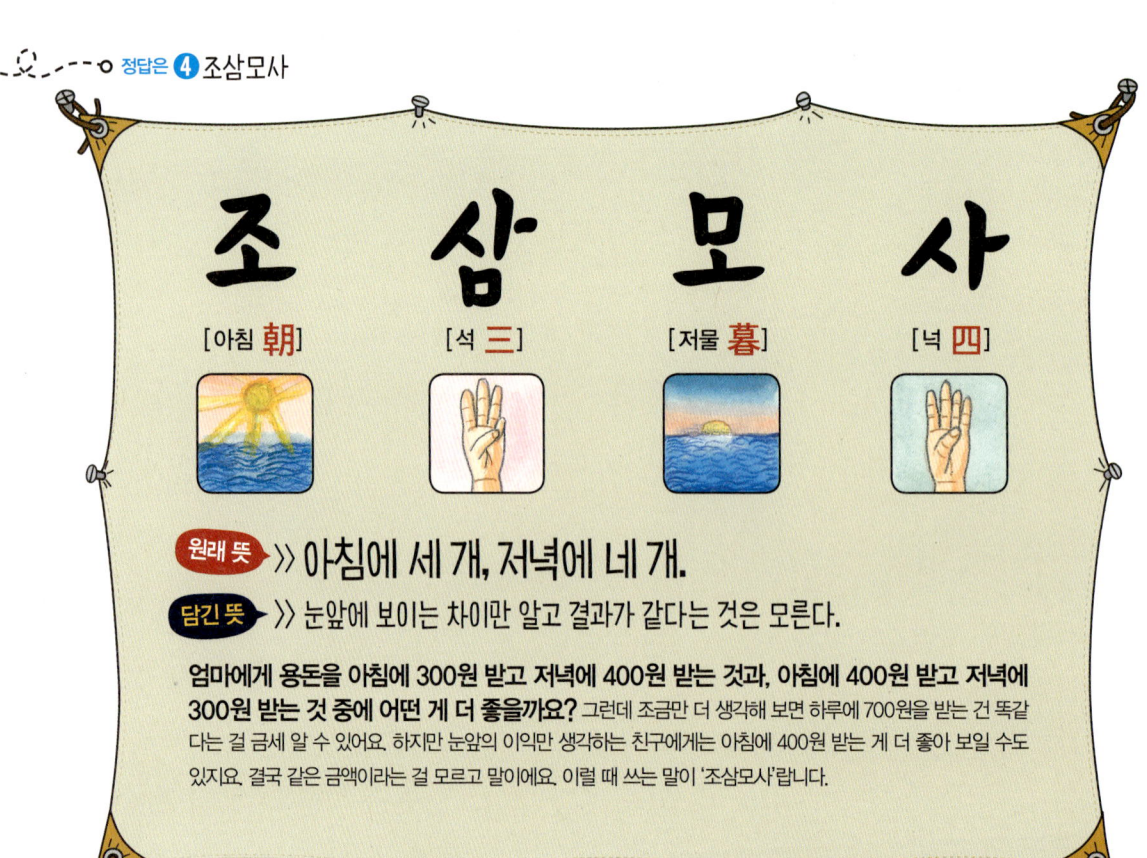

원래 뜻 》 아침에 세 개, 저녁에 네 개.

담긴 뜻 》 눈앞에 보이는 차이만 알고 결과가 같다는 것은 모른다.

엄마에게 용돈을 아침에 300원 받고 저녁에 400원 받는 것과, 아침에 400원 받고 저녁에 300원 받는 것 중에 어떤 게 더 좋을까요? 그런데 조금만 더 생각해 보면 하루에 700원을 받는 건 똑같다는 걸 금세 알 수 있어요. 하지만 눈앞의 이익만 생각하는 친구에게는 아침에 400원 받는 게 더 좋아 보일 수도 있지요. 결국 같은 금액이라는 걸 모르고 말이에요. 이럴 때 쓰는 말이 '조삼모사'랍니다.

알고 보면 똑같지!

옛날에 저공이라는 사람이 있었어. 저공은 원숭이를 좋아해서 많은 원숭이를 기르고 있었지. 그런데 원숭이가 너무 많다 보니 먹이가 부족해졌어. 식구들 먹을 것까지 줄여 가며 원숭이 먹이를 챙겼지만 역부족이었지.

'어쩔 수 없군. 마음은 아프지만, 하루에 한 개라도 먹이를 줄여야지.'

저공은 원래 아침, 저녁으로 먹이를 네 개씩 주었어. 고민 끝에 저공은 원숭이들을 모아 놓고 이렇게 말했어.

"얘들아, 미안해. 오늘부터는 먹이를 아침에 세 개, 저녁에 네 개를 줄 수밖에 없어."

그러자 저공의 말이 끝나기가 무섭게 원숭이들이 꽥꽥거리며 난리를 피우는 거야.

'어이쿠, 이 녀석들이 화가 났나 보군. 이를 어쩐담?'

저공은 잠시 고민하더니, 원숭이를 달래며 다시 얘기했어.

"그래, 그래, 알았다. 그러면 이렇게 하자. 아침에는 네 개, 저녁에 세 개를 줄게."
그랬더니 원숭이들이 금방 얌전해지는 게 아니겠어?
'하하, 이것들! 똑같은 줄도 모르고!'
원숭이들은 오늘 아침에 당장 먹을 것만 생각하고 안심했던 거야. 정말 어리석지?
이처럼 하나만 알고 둘은 모르는 어리석은 원숭이의 이야기에서 '조삼모사'라는 말이 생겨났어. 지금은 교묘한 꾀와 간사한 말로 남을 속인다는 의미로도 사용된단다.

엄마를 따라 시장에 갔어요.

장사꾼도, 구경 나온 사람들도 정말 많았지요. 그런데 장사꾼 중에는 '조삼모사'로 물건을 팔려는 사람도 있었어요. 다음 중 누가 그런 사람일까요?

사과 장수: 막 팔아요, 막 팔아. 상처 난 사과는 반값이에요.

슬리퍼 장수: 슬리퍼가 한 켤레에 오천 원! 두 켤레 사면 한 켤레는 덤이에요!

옷 장수: 오늘부터 세일합니다! 정가에서 50% 세일이에요.

우산 장수: 우산이 한 개에 천 원! 딴 데서 더 싸게 팔면 무조건 환불해 드려요.

휴대폰 장수: 휴대폰이 공짜예요, 공짜! 대신 만 원씩 12개월만 내면 됩니다!

'조삼모사'는 같은 말을 다른 내용인 것처럼 속이려는 의도를 가지고 말하는 거예요. 그래서 그 말을 들은 상대방은 자기에게 이익이 되는 것으로 착각할 수 있어요. 휴대폰 장수는 정가 12만원짜리 휴대폰을 마치 공짜로 주는 것처럼 조삼모사로 팔고 있어요. 이처럼 말을 슬쩍 바꾸거나 방법을 달리해 돈을 다 받을 거면서 마치 공짜인 듯 말하는 것을 조삼모사라 하지요.

정답: 휴대폰 장수

퀴즈 02

'**어부의 이익**'이라는 뜻으로 '두 사람이 다투는 바람에 엉뚱한 사람이 이익을 본다.'는 의미를 담은 **고사성어**는?

❶ 이부자리　❷ 어부지리　❸ 아비자리　❹ 아부잘함

귀띔 다음 한자의 음은 무얼까?

漁 고기 잡을 **O**	夫 사내 **ㅂ**	之 갈 **ㅈ**	利 이로울 **ㄹ(O)**
배가 넘치도록 고기를 잡는 것은 모든 **어부(漁夫)**의 꿈이지.	**대장부(大丈夫)**는 쉽게 눈물을 보여선 안 돼.	이 물건은 **무용지물(無用之物)**이야.	발을 다쳐서 달리기 시합은 **불리(不利)**해.

조개와 황새의 싸움

어떤 어부가 먼 길을 가다가 강물을 만났어. 막 강을 건너려고 하는데 조개 한 마리가 눈에 띄었지. 특이하게도 입을 떡 벌리고 있었어.

"일광욕이라도 하나? 입을 왜 저렇게 벌리고 있지?"

그런데 바로 그때였어. 하늘을 날던 황새 한 마리가 갑자기 방향을 틀더니, 잽싸게 조개를 향해 날아오는 거야. 깜짝 놀란 조개는 순간적으로 입을 꽉 다물었어. 그 바람에 황새의 부리가 조개껍데기 사이에 끼이고 말았지.

"이거 놓지 못해?"

"네가 먼저 놔! 내가 놓으면 날 먹어 버릴 거잖아!"

황새와 조개는 서로 지지 않으려고 버둥거렸어.

황새가 조개에게 겁을 주었어.

"내가 계속 널 물에 안 놔 주면, 너는 틀림없이 말라 죽을걸?"
조개도 지지 않고 대꾸했어.
"너야말로 내가 계속 물고 있으면 굶어 죽겠지."
누구라도 먼저 물고 있는 걸 놓으면 될 일이었어. 그렇지만 황새와 조개는 서로 조금도 물러서지 않았어.
바로 그때였어. 지켜보고 있던 어부가 다가가 황새의 날개를 덥석 잡아챘지. 둘 다 서로 싸우느라 어부가 다가오는 줄도 몰랐던 거야.
"하하, 이게 웬 떡이야? 조개만 주워 갈 수 있을 줄 알았는데 황새까지 딸려 오다니!"
황새와 조개가 서로 지지 않겠다고 버틴 것이, 괜히 어부한테만
좋은 일 해 준 셈이었다니까!

세 어린이가 자기가 겪은 '어부지리'의 상황을 글로 쓴 거예요. 다음 중 어부지리의 의미를 잘못 이해하고 있는 친구는 누구일까요?

- 발바리 -

마을 대항 축구대회가 열렸다. 우리 동네는 준결승전에서 지는 바람에 결승전에 올라갈 수 없었다. 그런데 다른 준결승전 경기에 참가한 두 팀이 시합 도중에 싸움을 벌이는 바람에 모두 실격을 당하고 말았다! 덕분에 우리 팀은 졌는데도 결승전에 오를 수 있었다.

- 척척이 -

엄마를 따라 시장에 갔다. 동생이 운동화를 사 달라고 졸랐기 때문이다. 그런데 가는 내내 동생이 칭얼거렸다. 엄마는 화가 나서 운동화를 안 사 주셨다. 그래도 오는 길에 늘 먹던 떡볶이는 잊지 않고 사 주셨다.
다음에도 또 엄마를 따라 시장에 가야겠다.

- 엉뚱이 -

오늘 소풍을 갔다. 마지막에 보물찾기를 했는데 나는 아무리 둘러봐도 쪽지를 찾지 못했다. 그런데 갑자기 연서랑 지우가 동시에 자기가 쪽지를 찾았다면서 다투기 시작했다. 내가 말려 보았지만 소용없었다. 선생님께서는 둘을 꾸짖으시더니, 걔들이 찾은 쪽지를 내게 주셨다. 나는 야구공을 선물로 받았다.

축구대회 준결승전에서 졌지만, 다른 팀이 실격하는 바람에 결승전에 나갔다면 그건 당연히 어부지리예요. 보물찾기에서 양보를 안 한 아이들이 싸우는 바람에 야구공을 받은 것도 어부지리로 얻은 거지요. 그러나 시장을 따라갔다가 늘 먹던 떡볶이를 먹은 건 어부지리라고 할 수 없어요.
'어부지리'는 두 사람이 다퉈서 엉뚱한 사람이 이익을 얻을 때 쓰는 말이랍니다.

정답: 척척이

퀴즈 03

'사방에서 초나라의 노래가 들린다.'는 뜻으로 **'아무에게도 도움을 받을 수 없는 어려운 처지'**를 나타내는 **고사성어**는?

① 신세처량 ② 상면초가 ③ 사면초가 ④ 삼면초가

다음 한자의 음은 무엇일까?

四 넉 ㅅ
동서남북. **사방(四方)**이 막혀 있네.

面 낯 ㅁ
너무 부끄러워서 **면목(面目)**이 없군.

楚 초나라 ㅊ
초(楚)나라 항우를 초패왕이라고 불렀어.

歌 노래 ㄱ
우리 아버지는 **가수(歌手)**가 꿈이었대.

정답은 ❸ 사면초가

사 면 초 가

[넉 四] [낯 面] [초나라 楚] [노래 歌]

원래 뜻 ≫ 사방에서 초나라의 노래가 들린다.

담긴 뜻 ≫ 아무에게도 도움을 받을 수 없는 어려운 처지

군인이나 운동선수처럼 승부를 치열하게 가려야 하는 사람에게는 사기가 아주 중요해요. 사기가 떨어지면 실력을 제대로 발휘할 수 없기 때문이지요.
초나라는 지금 한나라의 군대에 둘러싸여 있어요. 오랜 전쟁으로 초나라의 병사들은 배고픔과 전쟁의 공포에 지쳐 있었지요. 가뜩이나 기운이 빠져 있는데 사방에서 서글픈 고향의 노랫소리가 들린다면, 병사들의 기분이 어떨까요?

노랫소리에 무너진 초나라

옛날 중국에 초나라와 한나라가 있었어. 두 나라는 치열하게 싸우곤 했지. 초나라는 항우가, 한나라는 유방이 다스렸어. 힘은 항우가 더 셌지만, 지혜는 유방이 더 뛰어났어.

어느 날, 두 나라 사이에 전투가 벌어졌어.

그런데 이 전투에서 초나라 군대가 한나라 군대에 포위되고 말았어.

"이거 정말 큰일이군."

초나라 군대는 빠져나갈 길을 찾지 못했어. 한나라 군대는 점점 조여 오는데 식량은 바닥나고, 병사들의 사기도 형편없었지.

그러던 어느 밤, 어디선가 이상한 노랫소리가 들려오기 시작했어.

"이게 무슨 노래야?"

"아니, 우리 고향 노래잖아?"

초나라 병사들이 웅성거리기 시작했어. 갑자기 들려오는 구슬픈 고향 노래를 들으니 고향의 가족과 친구들이 생각났어. 마음이 울적해지고 힘이 쭉 빠지면서 도무지 싸울 생각이 나질 않았지.

"어째서 우리 고향 노래가 들리는 거지? 한나라 군대에 초나라 사람이 이리 많단 말인가?"

"한나라가 벌써 우리 초나라를 집어 삼켰나?"

결국, 사방에서 들려오는 이 노래 때문에 초나라 병사들의 사기는 급격히 떨어졌고, 초나라 군대는 전투에서 크게 패했어.

그렇다면 정말 한나라가 이미 초나라를 차지했던 걸까? 아니야, 그건 한나라의 작전이었어. 한나라의 장수, 장량은 붙잡힌 초나라 포로들에게 고향의 슬픈 노래를 부르게 했어. 초나라 병사들이 싸울 의지를 잃어버리도록 말이야. 그 작전은 딱 들어맞았지.

이때부터 사방을 둘러봐도 아무 도움을 받을 수 없는 어려운 처지를 '사면초가'라고 한단다.

친구들이 숨바꼭질을 하고 있어요. 다음 중 사면초가에 빠진 친구 2명은 누구일까요?

'사면초가'는 '아무에게도 도움을 받을 수 없는 어려운 처지'를 말해요.

엉뚱이는 그저 술래 역할을 충실히 할 뿐이고, 똑똑이와 심퉁이, 호통이는 나름대로 잘 숨어 있어요. 그런데 발바리를 봐요. 술래가 곧 찾으러 올 텐데 앞에서 강아지가 짖어대는 바람에 이러지도 저러지도 못하고 있지요. 척척이도 마찬가지예요. 숨바꼭질인 줄도 모르고 경비 아저씨는 자꾸 나오라고 하니 난처할 뿐이지요.

정답: 발바리, 척척이

퀴즈 04

'지난날의 잘못을 고쳐, 착하게 변한다.'라는 뜻을 가진 **고사성어**는?

① 기가차서　② 걔가착해　③ 그가천사　④ 개과천선

귀띔 다음 한자의 음은 무얼까?

改 고칠 ㄱ	過 잘못 ㄱ	遷 옮길 ㅊ	善 착할 ㅅ
사용하기 쉽도록 우리가 **개선(改善)**해 볼까?	제 잘못을 진심으로 **사과(謝過)**드립니다.	화폐는 시간이 지나면서 끝없이 **변천(變遷)**해 왔어.	세상에는 **선(善)**한 사람이 정말 많은 것 같아.

정답은 ❹ 개과천선

원래 뜻 ≫ 지난날의 잘못을 고쳐, 착하게 변한다.
담긴 뜻 ≫ 지난날의 잘못을 뉘우치고 고쳐, 바르고 착하게 행동한다.

착하게 살기와 못되게 살기, 어떻게 사는 게 더 쉬울까요?
착하게 사는 건 쉬운 일이 아니에요. 책임을 져야 하는 일이 많아지기 때문이지요. 그래서 이미 무책임하게 잘못을 저지른 사람이 착해지는 건 참 어려운 일이에요. 그러니까 이렇게 **잘못을 고쳐서 변하려는 친구가 있다면, 용기를 내도록 열심히 응원해 주는 게 좋겠지요?**

주처가 달라졌다!

"주처가 온다!"
그 말 한마디에 사람들이 흩어지기 시작했어. 지금까지 신 나게 뛰놀던 아이들도 놀란 토끼 눈을 하고 어딘가로 숨어 버렸지.
중국 진나라에 주처라는 사나이가 살았어. 그는 날마다 마을을 돌아다니며 나쁜 짓만 했어. 걸핏하면 남을 두들겨 패고 방탕하게 살았지. 그래서 주처가 나타나면, 사람들은 슬금슬금 도망가기 바빴어.
처음에는 사람들의 그런 모습에 주처는 어깨가 으쓱했어. 하지만 시간이 지날수록 자신의 모습이 조금씩 싫어졌어.
'더는 이렇게 살아선 안 되겠다.'
주처는 새사람이 되겠다고 선언했어. 하지만 아무도 그의 다짐을 믿지 않았어.

"어떻게 해야 내 진심을 믿어 주시겠습니까?"
그러자 한 청년이 용기를 내어 주처에게 말했어.
"마을 사람들은 세 가지를 무서워합니다. 남산에 사는 호랑이, 장교 아래 사는 용, 그리고 당신입니다."
주처는 사람들에게 약속했어.
"내가 그것들을 모두 없애 드리지요."
다음 날, 주처는 약속대로 남산에 사는 호랑이와 장교 아래의 용을 때려잡았어. 워낙 힘이 센 주처였기에 해낼 수 있었지.
'이젠 사람들이 나를 믿어 주겠지?'
하지만 뜻밖에도 사람들은 여전히 주처를 두려워했어. 예전에 그가 워낙 포악했기 때문이었어. 주처는 몹시 괴로웠어. 그래서 유명한 학자를 찾아가 고민을 털어놓았지.
"어떻게 해야 사람들이 저를 믿을까요?"
"사람들의 말에 너무 신경 쓰지 말게. 더 굳은 의지로 지난날의 잘못을 고치고 착한 사람이 되면 되는 거네. 자네가 개과천선하면 사람들이 차츰 자네를 믿을 걸세."
그로부터 십 년이 지나도록 주처는 조용히 공부만 했어.
그 덕분에 유명한 학자가 되었지.
그제야 사람들은 조금씩 그를 믿어 주었단다.

한자 카드가 섞여 버렸어요.

'지난날의 잘못을 고쳐 착하게 변한다.'는 뜻의
개과천선 한자 카드를 바르게 찾아낸 사람은 누구일까요?

① 改	② 己	③ 汝	고칠 개
① 道	② 過	③ 高	잘못 과
① 天	② 千	③ 遷	옮길 천
① 善	② 姜	③ 美	착할 선

1) 호통이: ②, ①, ③, ①　　2) 발바리: ①, ②, ③, ①
3) 척척이: ③, ①, ①, ①　　4) 심통이: ①, ①, ③, ①

정답: 2) 발바리

퀴즈 05

'창과 방패'라는 뜻으로, '앞뒤가 전혀 맞지 않는 말이나 행동'을 가리키는 고사성어는?

① 망상　② 평상　③ 모순　④ 명상

귀띔 다음 한자의 음은 무엇까?

矛 창 ㅁ
세상에서 가장 강력한 창과 방패,
서로 이긴다니 모순(矛盾)이야.

盾 방패 ㅅ
말도 그렇지만, 행동도 앞뒤가
전혀 맞지 않으니 모순(矛盾)이야.

정답은 ❸ 모순

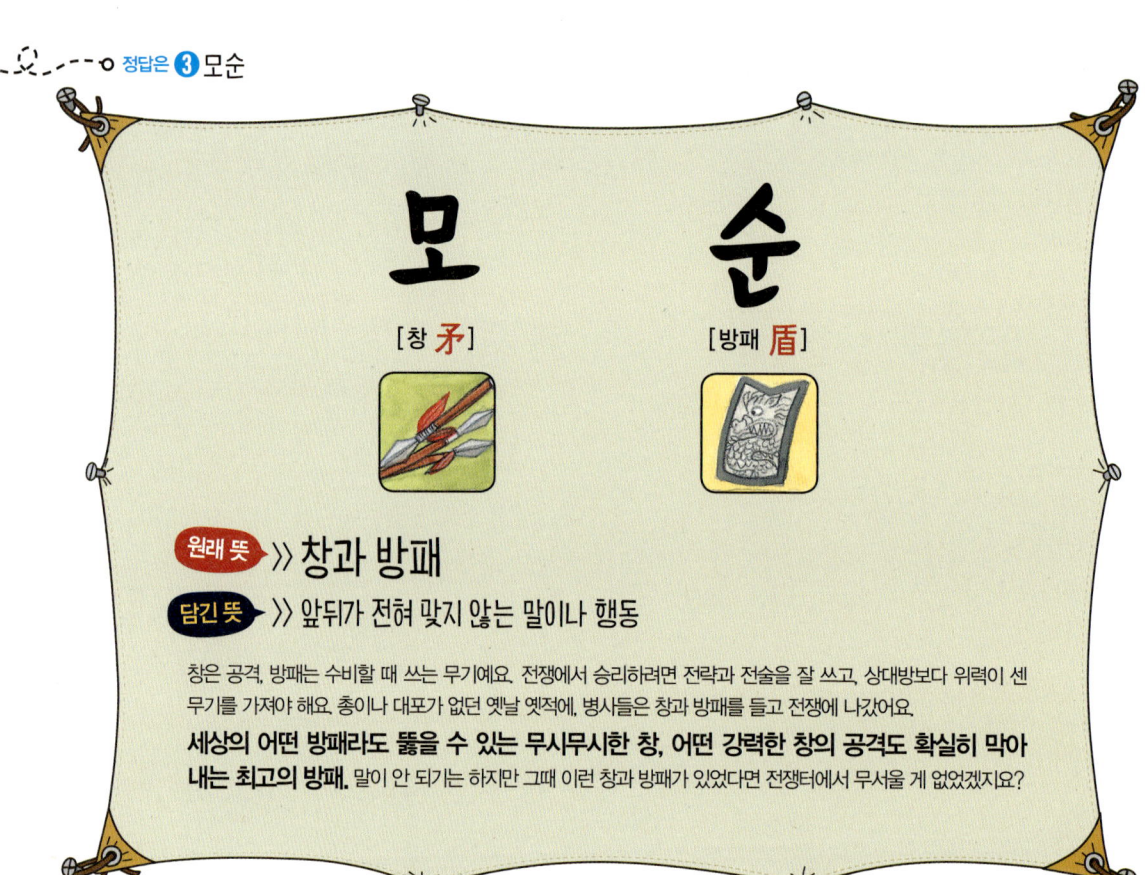

모 순
[창 矛]   [방패 盾]

원래 뜻 ≫ 창과 방패
담긴 뜻 ≫ 앞뒤가 전혀 맞지 않는 말이나 행동

창은 공격, 방패는 수비할 때 쓰는 무기예요. 전쟁에서 승리하려면 전략과 전술을 잘 쓰고, 상대방보다 위력이 센 무기를 가져야 해요. 총이나 대포가 없던 옛날 옛적에, 병사들은 창과 방패를 들고 전쟁에 나갔어요. **세상의 어떤 방패라도 뚫을 수 있는 무시무시한 창, 어떤 강력한 창의 공격도 확실히 막아 내는 최고의 방패.** 말이 안 되기는 하지만 그때 이런 창과 방패가 있었다면 전쟁터에서 무서울 게 없었겠지요?

도무지 앞뒤가 안 맞아!

중국 초나라에서 있었던 이야기야.

어느 장날, 시장에서 장사꾼이 목청을 돋우어 외쳤어.

"여러분, 이것 좀 보세요. 세상 어디에도 없는 기가 막힌 물건이랍니다."

장사꾼은 두 가지 물건을 팔고 있었어. 하나는 창, 다른 하나는 방패였지.

지나가던 행인 하나가 그 앞에 멈추어 섰어. 곁에는 아들로 보이는 조그만 사내아이가 있었지. 행인은 창과 방패를 번갈아 살펴보았어. 그러고는 장사꾼에게 물었어.

"이 창은 어때요? 쓸 만한가요?"

그러자 장사꾼이 커다란 목소리로 대답했어.

"이 세상에서 최고로 날카로운 창입니다. 어떤 방패도 이 창을 막을 수는 없어요."

행인은 고개를 끄덕였어. 그러고는 방패를 손에 들었지.

"그럼 이 방패는 어떻소?"
장사꾼의 목소리는 자신이 넘쳤어.
"이 방패는 정말 최고입니다. 이 방패를 뚫을 수 있는 창은 이 세상에 결코 없습니다."
행인은 또 고개를 끄덕였어.
그때 곁에 있던 아이가 조그마한 목소리로 물었어.
"아저씨, 그럼 이 창으로 이 방패를 찌르면 어떻게 돼요?"
아이의 물음에 장사꾼은 얼굴이 빨개졌어. 그리고 아무 대답도 하지 못했지.
그때부터 사람들은 앞뒤가 맞지 않는 말이나 행동을 두고 '모순'이라고 했단다.

다음 중 모순이라고 할 수 없는 경우는 어느 것일까요?

우리는 주변에서 가끔 모순이 되는 말이나 행동을 발견할 수 있어요. '따뜻한 냉커피'라든가, '삼겹살 먹는 채식주의'는 모순된 말이에요. 냉커피는 차가운 커피를 뜻하고, 채식주의란 고기를 먹지 않는 사람을 가리키니까요. '원산지가 국내산인 수입 바나나'도 정말 모순이에요. 원산지가 국내인데 수입했다는 건 말이 안 맞거든요.

하지만 "실컷 울고 났더니 개운해."라는 말은 모순이 아니에요. 우는 것은 분명 슬픈 감정이지만, 실컷 울어서 쌓였던 슬픔을 해소하고 나면 마음이 깨끗이 비워지면서 안정되기 때문입니다.

모순인지 아닌지를 구별하려면, 말이나 행동의 앞뒤가 이치에 맞는지 아닌지를 구별하면 된답니다.

정답: 4번

퀴즈 06

'**함흥에 간 차사***'라는 뜻으로, '심부름을 간 사람이 아무 소식 없이 오지 않는다.'는 생각을 담은 **고사성어**는?

*차사: 옛날에 중요한 업무를 주어 특별 파견하던 임시 벼슬

① 함흥청소　② 함흥냉면　③ 함흥초소　④ 함흥차사

귀띔 다음 한자의 음은 무얼까?

| 咸 모두 | ㅎ | 興 흥할 | ㅎ | 差 어긋날 | ㅊ | 使 사신 | ㅅ |

함흥(**咸興**)은 함경북도에 있는 도시 이름이야.

흥분(**興奮**)해서 소리 지르지는 마.

1cm와 1m는 큰 **차이**(**差異**)가 있지.

그 외국인은 나라를 대표한 **사절**(**使節**)이야.

정답은 ❹ 함흥차사

함 흥 차 사

[모두 咸]　[흥할 興]　[어긋날 差]　[사신 使]

원래 뜻 ≫ 함흥에 간 차사

담긴 뜻 ≫ 심부름을 간 사람이 아무 소식 없이 오지 않는다.

심부름을 간 사람이 아무 소식 없이 돌아오지 않거나 늦게 왔을 때, 우리는 종종 함흥차사라는 말을 써요. '차사'는 왕이 중요한 일을 맡겨서 지방이나 외국으로 보낸 신하를 말해요. '함흥'은 북한의 함경북도에 있는 도시 이름이지요. 그렇다면 함흥으로 보낸 사신이 깜깜무소식을 뜻하게 된 이유는 무엇일까요? 조선 건국의 역사 속에서 살펴봅니다.

도대체 왜 안 오는 거야?

조선을 세운 사람은 태조 이성계야. 이성계가 고려 왕조를 무너뜨리고 새 나라 조선을 세울 때 가장 큰 공을 세운 사람은 부인 강씨와 다섯째 아들 방원이었어. 방원은 자신의 공이 컸으므로 마땅히 큰 보상을 받을 거라고 내심 기대했어. 그건 바로 이성계의 뒤를 이을 후계자가 되는 거였지. 그러나 이성계의 생각은 달랐어.

"내 뒤를 이을 후계자는 방석으로 한다."

형들을 제치고 여덟 번째 아들인 막내 방석이 왕세자가 되자

다들 깜짝 놀랐어. 특히 방원의 충격이 컸지. 이성계는 첫째 부인에게서 여섯 아들을, 둘째 부인 강씨에게서는 두 아들을 두었어. 첫째 부인의 아들들은 불만을 드러냈고, 곧 자식들 간에 권력 다툼이 벌어져 둘째 부인 강씨가 낳은 두 왕자가 죽고 말았어.

"고얀 놈들! 다음 왕은 둘째 방과가 오르도록 하여라."

이성계는 분통을 터뜨리며 고향인 함흥으로 떠나 버렸어. 방과는 조선의 2대 왕, 정종이 되었지만 2년 만에 동생인 방원에게 왕위를 물려주고 물러났어.

결국 방원은 3대 왕 태종이 되었어. 태종은 아버지의 노여움을 풀고, 이제 자기가 왕이라는 걸 아버지한테서 인정받고 싶었어. 또 이성계가 가지고 있는 옥새(옥으로 된 나라 도장)도 돌려받아야 했지.

"차사를 보내서 인사를 여쭙고 옥새를 달라고 하시면 어떨까요?"

태종은 신하들의 말대로 함흥으로 차사를 보냈어. 그런데 노여움이 컸던 이성계는 태종이 보낸 차사를 잡아서 가두어 버렸어.

"상왕께서 화가 풀리실 때까지 계속 보내셔야 합니다."

신하들의 말에 태종은 다른 사람을 또 차사로 보냈어. 그랬더니 이번에는 차사의 목을 쳐서 시체를 들판에 내다 버렸어. 그래도 태종은 다른 사람을 차사로 삼아 계속 보냈어. 그러나 함흥을 향해 떠나간 차사는 다시 돌아오지 않았어. 그때부터 심부름을 간 사람이 돌아오지 않을 때, 그를 일컬어 '함흥차사'라고 한단다.

언제 올지 모르는 기다림은 사람을 많이 지치게 해요. 다음 그림을 통해서 '함흥차사'의 의미를 다시 새겨 볼까요?

그림 1

통닭 사 오신다던 엄마는, 왜 **함흥차사**야?

난 모든 준비가 다 되었는데!

그림 2

청소 마치면, 가라고 했잖아. 왜 아직 안 갔어?

발바리랑 심퉁이를 기다려요. 쓰레기통을 비우러 가서는 **함흥차사**예요.

'함흥차사'란 '몹시 기다려도 오지 않는 사람'을 가리키는 말이에요.

누군가를 간절히 기다린다는 건, 그 사람이 당장 필요하기 때문이에요. 따라서 누군가를 함흥차사라고 부른다면, 간절히 기다리는데도 불구하고 돌아오지 않는 사람에 대한 원망이 담겨 있는 거예요. 그러니까 아무 연락도 없이 오지 않으면, 기다리는 사람의 원망은 더 커지겠지요?

퀴즈 07

'**우공이 산을 옮긴다.**'라는 뜻으로, '끊임없이 노력하면 반드시 원하는 것을 이룬다.'는 교훈이 담긴 **고사성어**는?

❶ 영구이상　❷ 이거이상　❸ 열심열심　❹ 우공이산

다음 한자의 음은 무엇일까?

| 愚 어리석을 ○ | 公 귀인 ㄱ | 移 옮길 ○ | 山 뫼 ㅅ |

만우절(萬愚節)은 가벼운 거짓말이 허락되는 날이야.

내 동생은 어떤 때, 진짜 **공주(公主)** 같아.

이사(移徙)를 가면 전학도 가야 해.

우리 아빠는 **등산(登山)**을 정말 좋아하셔.

정답은 ❹ 우공이산

우 공 이 산

[어리석을 愚] [귀인 公] [옮길 移] [뫼 山]

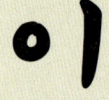

원래 뜻 » 우공이 산을 옮기다.
담긴 뜻 » 끊임없이 노력하면 반드시 원하는 것을 이룬다.

이 세상에는 뛰어난 실력을 갖춘 사람이 참 많아요. 그런 사람들은 하나같이 자기가 원하는 것을 이루기 위해 끊임없이 노력했다는 공통점이 있지요. 축구 영웅 박지성 선수도, 피겨 여왕 김연아 선수도 그랬어요. 하지만 아무리 노력해도 이룰 수 없는 일도 있는 법이에요. 그래서 사람들은 이런 일에 있어서만큼은 하늘의 도움을 구한답니다. **인간이 할 수 있는 최선의 노력을 다하면, 하늘도 감동할 거라는 믿음 때문이지요.**

하늘도 감동한 우공의 노력

옛날에 우공이라는 노인이 살았어. 나이가 무려 아흔 살이나 되었는데, 그에게는 고민이 하나 있었어. 그건 바로, 자기 집을 둘러싼 커다란 두 개의 산이었지.
"어디를 가려면 꼭 저 두 산을 빙 돌아가야만 하니, 이 얼마나 불편한 일이란 말인고?"
참다못한 우공은 마침내 가족들에게 말했어.
"우리가 힘을 합쳐 저 산을 깎아 버리자."
아내는 하도 어이가 없어 물었어.
"말도 안 되는 소리예요. 저 큰 산을 어떻게 다 깎는다는 말이에요?"
하지만 아무도 우공을 말릴 수 없었어. 다음 날 우공은 세 아들을 데리고 나가 일을 시작했지. 돌을 두드려 깨고, 흙을 파서 산길을 옮기기 시작한 거야. 보다 못한 친구가 우공을 타일렀어.

"어리석은 사람 같으니! 자네 나이가 몇인 줄 아나? 정말 이 일이 잘될 거라고 생각하나?"
"걱정 말게. 내가 늙어 죽으면 내 자식이 하면 되고, 내 자식이 못 하면 내 손자가 하면 되지. 이렇게 대를 이어 하다 보면, 언젠가는 산이 옮겨지지 않겠는가?"
우공이 느긋하게 대답했어. 그러고는 다시 일을 시작했지.
이 사실을 하늘의 옥황상제가 알게 되었어. 옥황상제는 우공이 정말 대단하다고 생각했어. 그래서 힘이 센 부하 둘을 땅으로 내려보냈지.
그날 밤, 옥황상제의 부하들은 두 개의 산을 번쩍 들어서 간단히 옆으로 치워 버렸어. 결국, 우공의 끝없는 노력이 옥황상제를 감동시켜 일을 이룬 셈이야.
어떤 어려운 일도 끊임없이 노력하면 이룰 수 있어.
사람의 힘으로 안 되면 어떡하느냐고?
우공처럼 사람이 할 수 있는 최선의 노력을 다해 봐.
혹시 알아? 하늘이 감동해서 이루어질지!

'우공이산'과 비슷한 교훈을 담은 속담과 고사성어도 있어요.
그림을 보며 노력의 중요성에 대해 생각해 보세요.

물방울이 바위를 뚫는다.

도끼를 갈아 바늘을 만든다.

열 번 찍어 안 넘어가는 나무 없다.

작은 물방울이라 해도 오랜 세월 쉬지 않고 떨어지면, 결국 바위에 구멍을 낼 수 있어요. 도끼 같은 쇳덩어리도 끝없이 갈면 바늘을 만들 수 있지요. 열 번, 백 번 찍는데 안 넘어가는 나무, 결코 없어요. 혹시 원하는 바가 당장 눈앞에 보이지 않는다고 속상해하는 친구가 있나요? 우공이산과 위의 속담들을 통해서 최선을 다하는 노력이 얼마나 중요한지 다시 한 번 생각해 보기 바랍니다.

퀴즈 08

'**창자가 끊어지다.**'라는 뜻으로,
'**아주 깊은 슬픔**'을 뜻하는 **고사성어**는?

❶ 도장 ❷ 단장 ❸ 당장 ❹ 단수

귀띔 다음 한자의 음은 무얼까?

斷 끊을 ㄷ   腸 창자 ㅈ

대장부가 한 번 결심하였으면   나는 **위장(胃腸)**이 튼튼해서
쉽게 **단념(斷念)**해서는 안 되지.   뭘 먹어도 소화를 잘 시켜.

정답은 ❷ 단장

단 장

[끊을 斷]   [창자 腸]

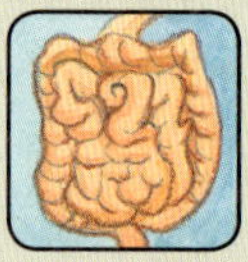

원래 뜻 »» 창자가 끊어지다.

담긴 뜻 »» 아주 깊은 슬픔

사람이 아픔을 느끼는 것에는 두 가지 종류가 있어요. 몸이 아픈 것과 마음이 아픈 것이지요. 몸이 아픈 것은 시간이 지나면 회복돼요. 하지만 마음이 아픈 건 쉽게 회복되지 않지요.
창자가 끊어질 만큼 깊은 아픔. **얼마나 마음의 고통이 심했으면 배 속의 창자가 다 끊어질까요?** 원숭이 이야기를 통해서, 부모님의 사랑을 생각해 봅니다.

원숭이의 새끼 사랑

중국 사천 지방은 깊은 계곡으로 잘 알려진 곳이야. 그리고 또 원숭이가 엄청 많기로 유명하지.

어느 날이었어. 진나라의 왕, 환온은 병사들과 사천 지방을 지나고 있었어. 배를 타고 가는데, 여기저기서 원숭이들이 몸을 비비며 서로 장난치고 있었지.

환온의 병사 가운데 하나가 새끼 원숭이 한 마리를 사로잡았어.

"고놈 참 귀엽게도 생겼네. 내가 데리고 가야겠다."

병사는 원숭이를 배에 싣고 다시 길을 떠났어.

그런데 그때부터 강기슭을 타고 원숭이 한 마리가 계속 따라오는 거야. 그냥 따라오는 것도 아니고 꽥꽥 소리를 지르며 따라왔어. 그러기를 며칠 동안이나 계속했어.

"저 원숭이는 왜 자꾸 우릴 따라오는 걸까?"
"그러게 말이야. 줄 것도 없는데, 허허허."
마침 배가 물길이 좁아지는 곳을 지나가게 됐어. 그러자 한참 배를 쫓아오던 원숭이가 몸을 날리더니 배 안으로 뛰어드는 게 아니겠어?
하지만 안타깝게도 이내 힘없이 바닥에 툭 쓰러져 죽고 말았어.
그때였어. 새끼 원숭이가 달려오더니 쓰러진 원숭이 옆에서 소리를 지르는 거야. 알고 보니 죽은 원숭이는 새끼 원숭이의 어미였어. 며칠 동안 새끼를 쫓아오다가 정작 새끼는 품에 안아 보지도 못하고 죽고 만 거지.
"그런데 갑자기 왜 죽었지? 병이라도 난 건가?"
병사들은 궁금해서 어미 원숭이의 배를 갈라 보았어.
그랬더니 세상에!
어미 원숭이의 창자가 토막토막 끊어져 있는 게 아니겠어?
자식을 빼앗긴 슬픔이 너무 깊어서 창자가 모두 끊어져 버린 거야.
이 사실을 알고 환온은 몹시 화를 냈어. 그래서 병사에게는 큰 벌을 내리고 새끼 원숭이는 바로 풀어 주었다고 전해지지.

'창자'를 가리키는 순우리말이 있어요.
아래 쓰임을 보고 어떤 말인지 알아맞혀 보세요.

1. 가족들은 ☐가 타는 기다림에 조금씩 지쳐 갔습니다.

2. 아기가 자칫하면 떨어질까 봐 ☐간장이 다 녹는다.

3. ☐ 끓는 슬픔으로 어깨를 들썩이며 울었다.

4. 너무 놀라서 ☐가 떨어질 뻔했다.

'크나큰 아픔'을 표현할 때, '애끊는 슬픔'이라는 말이 있어요. '창자가 끊어지는 듯한 슬픔'이라는 뜻이에요. 자식을 잃은 슬픔으로 창자가 끊어진 원숭이 이야기에서 유래한 표현이지요. '창자'를 가리키는 순우리말은 '애'랍니다. 흔히 깜짝 놀랐을 때, '애 떨어진다.'라고 하지요? 이 말은 놀라서 창자가 떨어질 것 같다는 마음의 표현이에요. 그런데 창자 애를 아이로 잘못 생각하고 "없는 애 떨어지겠다."고 표현하는 경우가 종종 있어요. 이 표현은 잘못된 것이랍니다.

정답: 애

퀴즈 09

'관중과 포숙아의 사귐'이라는 뜻으로, **'친구 사이의 깊은 우정'**을 강조하는 **고사성어**는?

❶ 공포제국   ❷ 관포지교   ❸ 관포친구   ❹ 괴팍전기

다음 한자의 음은 무엇까?

管 피리 ㄱ
입으로 관을 불어 소리 내는 악기를 **관악기(管樂器)**라고 해.

鮑 절인물고기 ㅍ
관중의 절친한 친구는 **포숙아(鮑叔牙)**.

之 갈 ㅈ
술 취한 아저씨가 갈 **지(之)** 자로 걸어간다.

交 사귈 ㄱ
남녀가 서로 좋아하면 **교제(交際)**하기 마련이지.

정답은 ❷ 관포지교

관 포 지 교

[피리 管] [절인물고기 鮑]  [갈 之]  [사귈 交]

원래 뜻 》 관중과 포숙아의 사귐

담긴 뜻 》 친구 사이의 깊은 우정

'관포지교'는 관중과 포숙아의 우정이 담긴 이야기예요. 내가 어려움에 빠지거나 실수를 했을 때, 다른 사람들에게 비웃음을 받을 때조차 나를 이해해 주는 친구. **평생을 내 편에 서서 믿어 주고 보살펴 주는 친구.** 나에게 이런 아름다운 우정을 베풀어 주는 친구가 있다면 얼마나 좋을까요? 포숙아가 바로 그런 인물이었답니다.

관중을 알아주는 건 포숙아뿐이야!

중국 제나라에 관중과 포숙아라는 두 친구가 있었어.

두 사람은 절친한 친구 사이였는데 성격만큼은 참 달랐지.

관중은 재주가 많아 남 앞에 서기 좋아했고, 그러다 보니 종종 말썽이 나곤 했어.

반면에 포숙아는 차분하고 조용한 편이었어. 관중이 말썽을 일으켜 사람들이 수군거릴 때면 조곤조곤 이유를 들어가며 관중을 감싸 주었지.

관중과 포숙아가 함께 장사를 할 때였어. 장사가 잘돼서 매일 많은 돈을 벌었는데, 그럴 때마다 마치 당연하다는 듯 관중이 돈을 더 가져가는 거야.

사람들은 관중을 손가락질했지만, 포숙아는 달랐어.

"관중은 집안 형편이 좋지 않고 식구도 많으니 관중이 더 챙겨 가는 것이 당연하지요."

관중이 벼슬에 올랐을 때도 마찬가지였어. 사람들은 벼슬길에 올랐다가 번번이 쫓겨난 관중을 무능하다며 비웃었지.
"관중이 아직 때를 못 만나서 그런 거요."
포숙아는 언제나 관중의 편을 들었어. 사람들은 두 사람의 우정을 인정할 수밖에 없었지.
얼마 후, 두 사람은 각자 제나라 왕의 동생들을 가르치는 스승이 되었어. 그런데 왕이 죽자, 동생들끼리 싸움이 붙은 거야. 그 싸움에서 관중의 편이 졌고, 관중은 포로로 잡혀 오고 말았지.
이때 포숙아가 왕에게 간절히 부탁했어.
"관중은 뛰어난 인물입니다. 그를 용서하시면 장차 큰 도움을 받으실 겁니다. 천하를 얻으시려면 관중에게 벼슬을 주어 귀하게 쓰셔야 합니다."
관중은 포숙아 덕분에 살아날 수 있었어. 포숙아는 관중이 큰 정치를 베풀 수 있도록 뒤로 물러나 말없이 돕기만 했지. 그 덕분이었을까. 제나라는 결국 천하를 차지하는 강력한 나라가 되었어.

관중은 사람들에게 이렇게 말했어.
"나를 낳아 주신 분은 부모님이지만, 나를 진정으로 알아주는 건 오직 포숙아다!"
그래서 사람들은 친구 사이의 깊은 우정을 말할 때 '관포지교'라는 말을 쓰게 되었대.

고사성어 중에는 '친구'와 관련 있는 말이 유난히 많아요.
다음 말들은 어떤 뜻을 가지고 있는지 보기에서 골라 보세요.

보기

(1) **죽마고우**
(대나무竹 말馬 옛故 벗友)

(2) **수어지교**
(물水 물고기魚 갈之 사귈交)

(3) **금석지교**
(쇠金 돌石 갈之 사귈交)

(4) **막역지교**
(없을莫 거스를逆 갈之 사귈交)

(5) **문경지교**
(목 벨刎 목頸 갈之 사귈交)

가. 물과 물고기의 사귐.
= 물고기가 물을 떠나서는 잠시도 살 수 없는 것과 같은 관계.

나. 목을 내놓을 정도로 절친한 사귐.
= 삶과 죽음을 함께할 정도로 깊은 우정.

다. 마음에 거스름이 없는 사귐.
= 서로 뜻이 맞아 편안한 친구.

라. 무쇠나 돌과 같은 사귐.
= 매우 굳건한 우정.

마. 함께 대나무 말을 타던 친구.
= 어린 시절 함께 자란 절친한 친구.

이처럼 친구와 관련한 고사성어가 많다는 것은 무슨 의미일까요? 옛사람들이 우정을 정말 소중하게 생각했다는 것이지요. 피를 나눈 형제는 아니지만, 친구는 사람이 살아가는 동안 맺을 수 있는 '가장 소중한 인연'이라고 할 수 있어요. 내 주변의 친구들은 나에게 어떤 친구인지, 한 명 한 명 떠올리며 고사성어와 연결해 보세요.

정답: (1)-마 (2)-가 (3)-라 (4)-다 (5)-나

퀴즈 10

'풀을 엮어 은혜를 갚는다.'는 뜻으로,
'죽어서도 은혜를 잊지 않는다.'는 다짐을 담은 고사성어는?

❶ 결초보은 ❷ 감사보은 ❸ 고추배양 ❹ 결초부양

귀띔 다음 한자의 음은 무얼까?

結 맺을 ㄱ	草 풀 ㅊ	報 갚을 ㅂ	恩 은혜 ㅇ
남자와 여자는 **결혼(結婚)**을 해서 가정을 이루지.	잡초(雜草)는 정말 생명력이 강해.	은혜를 입었으면 **보답(報答)**을 해야지.	낳으시고 기르시는 어버이 **은혜(恩惠)**~

정답은 ❶ 결초보은

결초보은

[맺을 結] [풀 草] [갚을 報] [은혜 恩]

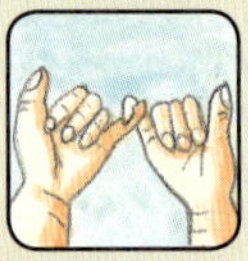

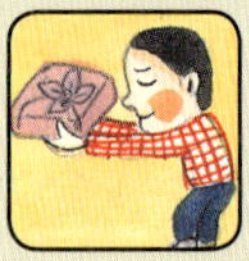

원래 뜻 ≫ 풀을 엮어 은혜를 갚는다.

담긴 뜻 ≫ 죽어서도 은혜를 잊지 않는다.

은혜란 고맙게 베풀어 주는 마음이나 행동을 말해요.
준비물을 가져오지 않았는데 친구가 빌려 주었을 때, 친구들의 오해를 사고 있는데 한 친구가 나서서 나를 감싸 줄 때 등 우리는 다른 사람들과 지내면서 여러 가지 은혜를 받아요. 그리고 그때, 감사하는 마음이 절로 우러나지요. 감사하는 마음을 속에 담아 두기보다는 적극적으로 표현하는 게 좋겠지요.

죽어서도 잊지 않아!

중국 진나라에 위무라는 사람이 살았어. 그에게는 무척 사랑하는 첩이 있었어. 첩이란 본부인이 있는데도 따로 둔 부인을 일컫는 말이야.

그런데 어느 날, 위무가 큰 병에 걸리고 말았어. 몸져누운 위무는 아들에게 말했지.

"위과야, 내가 죽으면 저 사람을 자유롭게 살도록 해 주어라."

시간이 흐르자 위무의 병세는 점점 깊어졌어. 나중에는 정신이 혼미해질 정도였지. 위무는 다시 아들을 불렀어.

"위과야, 내가 죽으면 저 사람을 나와 함께 순장시켜라."

순장이란 산 사람을 무덤에 함께 묻는 거야. 지금 생각하면 몹시 끔찍하지만, 옛날에는 더러 그런 풍습이 있었지.

'산 사람을 어떻게 땅에 묻는단 말이야? 아버지는 분명, 지금 제정신이 아니신 거야.'

그러다가 마침내 위무가 죽고 말았어. 위과는 아버지가 정신이 맑을 때 남긴 말에 따르기로 마음먹고, 아버지의 첩을 순장하지 않았어. 멀쩡한 사람을 순장한다는 게 가슴 아팠기 때문이야. 위과는 아버지의 첩을 자유롭게 풀어 주었어.

얼마 후, 위과는 전쟁에 나가게 되었어. 그리고 적의 장수와 결투를 벌였지. 무척 힘겨운 싸움이었어. 그런데 갑자기 상대방 장수의 말이 넘어지고 말았어. 웬일인지 들판의 풀이 묶여 있었고, 그 풀에 말의 발굽이 걸려 넘어진 거야.

"옳지, 이때다! 내 칼을 받아라!"

위과는 때를 놓치지 않고 적의 장수를 사로잡았어. 엮인 풀 덕분에 전쟁에서 큰 공을 세운 셈이지.

그날 밤, 위과의 꿈에 한 노인이 나타났어.

"나는 당신이 살려 준 그 여자의 아버지라오. 내 딸을 살려 준 은혜를 갚으려고 풀을 엮어 당신을 도운 것이오."

그 후로 사람들은 죽어서도 은혜를 잊지 않고 반드시 보답한다는 의미로 '결초보은'이라는 말을 썼단다.

다음 만화에는 '은혜'와 관련 있는 고사성어가 들어 있어요. '결초보은'과 정반대의 뜻을 가진 말은 어느 것일까요?

엄마, 피자가 먹고 싶어요.

점심 먹은 지 얼마나 됐다고, 벌써?

피자 사 주시면 **백골난망, 각골난망** 하겠습니다.

피자 한 판에 **백골난망**?

근데 너, 오늘 유리컵 깼지?

아니, 엄마가 그걸 어떻게…?

헤헤, 엄마는 보지 않아도 저절로 다 알아.

치, 네가 고자질했지? **배은망덕**한 것 같으니라고.

백골난망(白骨難忘)은 몸이 썩어 흰 가루가 되더라도 잊지 못한다는 뜻으로 다른 사람이 베푼 은혜를 잊지 않겠다고 다짐할 때 주로 쓰는 표현이에요. **각골난망(刻骨難忘)**이라는 말도 있어요. 은혜를 뼈에 깊이 새겨 기억한다는 뜻이지요. 둘 다 '결초보은'과 비슷한 뜻이에요. 하지만 **배은망덕(背恩忘德)**은 베풀어 준 은혜에 보답하기는커녕 은혜를 원수로 갚는다는 뜻이랍니다.

정답: 배은망덕

정답은 ❷ 호가호위

호 가 호 위

[여우 狐]　[거짓 假]　[범 虎]　[위엄 威]

원래 뜻 » 여우가 호랑이의 힘을 빌린다.

담긴 뜻 » 남이 가진 힘을 빌려 허세를 부린다.

"벼는 익을수록 고개를 숙인다."고 하지요? 어느 곳에서나 뛰어난 재주를 가진 사람들에게는 두루 통하는 점이 있어요. 바로 남을 귀하게 대하고 자기를 내세우지 않는 태도를 가졌다는 것이지요. 까불거리면서 제 솜씨를 부풀리는 사람은 어설픈 재주를 가진 사람이기 일쑤예요. 사람들 앞에서 아무 까닭 없이 힘자랑을 하려 드는 친구들처럼 말이지요. 거기에다가 다른 사람이 가진 힘을 빌려 허세까지 부린다면 어떨까요? 당장은 자기 뜻대로 이루어지는 것처럼 보이지만 결국 들통이 나서 큰 창피를 당하고 말 거랍니다.

정말 무서운 건 누구?

어느 날, 중국 초나라의 왕이 '강을'이라는 신하에게 물었어.

"북방 오랑캐들이 우리 나라 재상인 소해휼이 무서워서 쳐들어올 생각을 못 한다며?"

"어디서 들으셨나요?"

"소해휼이 그런 자랑을 하고 다닌다는군."

충성스러운 신하 강을은 왕에게 이런 이야기를 들려주었어.

옛날에 호랑이가 여우 한 마리를 잡았습니다. 호랑이에게 잡아먹힐 것이 두려웠던 여우가 꾀를 내어 말했습니다.

"나는 단순한 여우가 아니다. 나는 하느님의 명을 받고

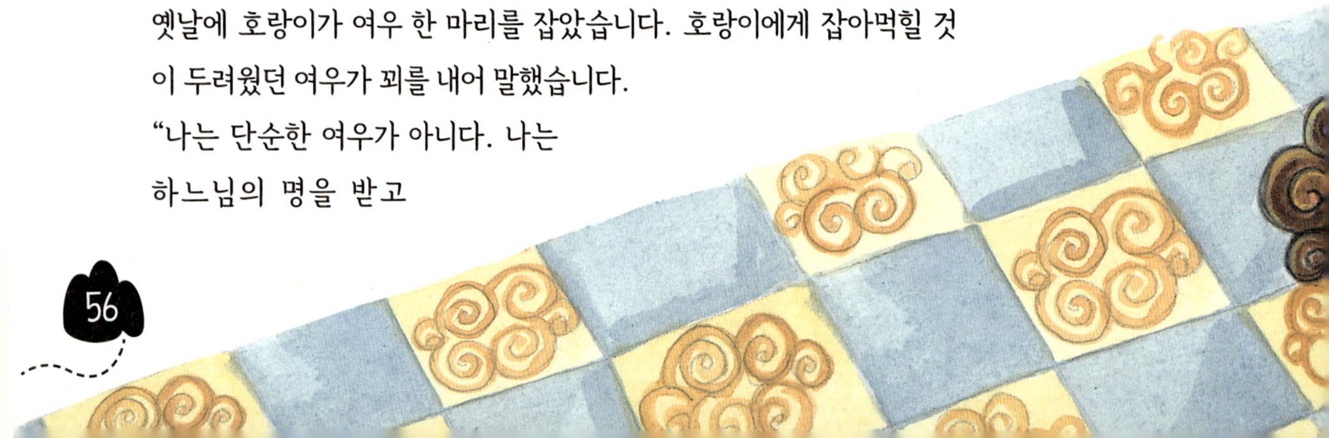

내려온 사자다. 만일 네가 나를 잡아먹으면 너는 하늘의 뜻을 어기는 것이다. 그래서 반드시 천벌을 받을 것이다."
여우는 이렇게 말한 후, 호랑이에게 자기 뒤를 따라오라고 했습니다.
"보아라, 이 세상의 모든 짐승이 나를 보면 다 달아날 것이다."
호랑이가 여우의 뒤를 따라가 보았더니 정말 여우를 만나는 짐승마다 모두 달아나기에 바빴습니다.
그런데 사실, 짐승들이 달아난 이유는 여우 때문이 아니었습니다. 정말 무서웠던 건, 여우 뒤에 있는 호랑이였던 것입니다.

이야기를 마친 강을은 왕에게 이렇게 말했지.
"지금 북방 오랑캐들이 겁을 내는 것은 소해율이 아닙니다. 바로 그 뒤에 있는 초나라의 힘, 곧 전하의 강한 군대입니다."
충직한 신하의 말을 들은 초나라 왕은 고개를 끄덕이며 행복해했단다.

남이 가진 힘을 빌려서 힘자랑을 하는 건 부끄러운 일이에요. 다음 두 그림에서 '호가호위'를 하는 건 어떤 그림일까요?

'호가호위'는 '남이 가진 힘을 빌려 허세를 부린다.'는 뜻이에요. 호가호위하는 사람은 말이나 행동이 가볍고, 까닭 없이 힘자랑하기를 좋아해요. 자기는 그럴 만한 힘이 없으면서 다른 사람을 앞세워 잘난 체하는 것은 정말 어리석고 어이없는 행동이에요.

그림 1과 2에서 심퉁이가 욕심을 부리고 있네요. 그림 2에서는 형의 힘을 믿고 의기양양해 있지요. 여러분 주변에도 이처럼 호가호위하는 친구들이 있나요?

정답: 그림 2

퀴즈 12

'**뱀의 발**'이라는 뜻으로,
'쓸데없는 짓을 해서 일을 망치다.'는 의미를 가진 **고사성어**는?

❶ 시장　❷ 사진　❸ 사발　❹ 사족

귀띔 다음 한자의 음은 무얼까?

蛇 뱀 ㅅ
독을 가진 뱀을
독사(毒蛇)라고 해.

足 발 ㅈ
보쌈이냐, **족발(足—)**이냐,
그것이 문제로다!

정답은 ④ 사족

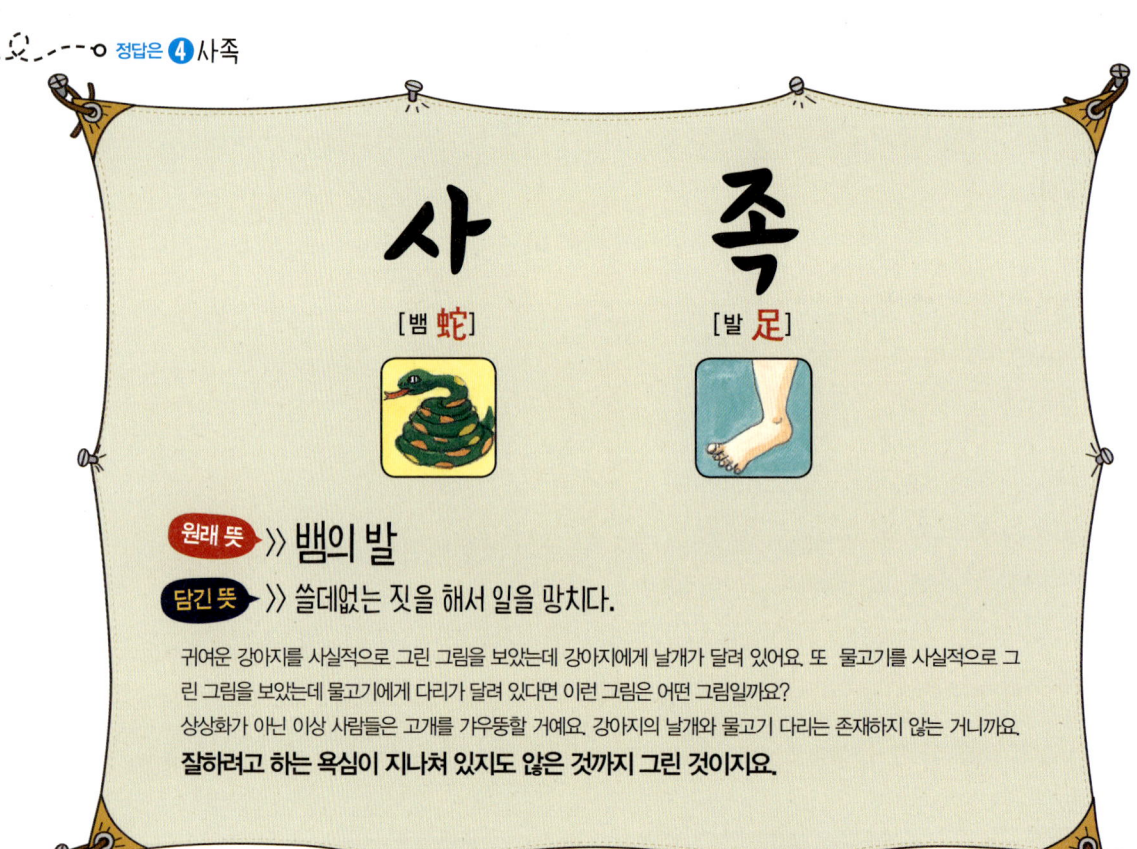

사 족
[뱀 蛇] [발 足]

원래 뜻 » 뱀의 발
담긴 뜻 » 쓸데없는 짓을 해서 일을 망치다.

귀여운 강아지를 사실적으로 그린 그림을 보았는데 강아지에게 날개가 달려 있어요. 또 물고기를 사실적으로 그린 그림을 보았는데 물고기에게 다리가 달려 있다면 이런 그림은 어떤 그림일까요?
상상화가 아닌 이상 사람들은 고개를 갸우뚱할 거예요. 강아지의 날개와 물고기 다리는 존재하지 않는 거니까요. **잘하려고 하는 욕심이 지나쳐 있지도 않은 것까지 그린 것이지요.**

뱀의 발을 그리다!

옛날에 어떤 구두쇠 영감이 있었어. 그는 꽤 부자였지만, 아주 인색한 사람이었지. 하루는 영감이 하인들에게 아주 힘든 일을 시켰어. 그럼에도 불구하고 하인들은 힘을 모아 그 일을 잘 끝냈지. 영감은 하인들을 불러 모았어.
"모두 고생이 많았다. 오늘은 내가 술을 한 잔 주도록 하마."
하인들은 깜짝 놀랐어. 구두쇠 영감이 그런 적은 한 번도 없었거든.
그런데 세상에! 영감이 준 술은 정말 딱 한 잔이었어. 하인들은 기가 막혔지만, 어쩌겠어? 따질 수도 없는 노릇이지.
"이걸 우리가 나누어 마시면 간에 기별도 안 가겠지?"
"맞아, 맞아."
그때, 가장 키가 큰 하인이 말했어.

"이렇게 하면 어떨까?"

"어떻게?"

"내기를 하는 거야. 제일 먼저 뱀을 그리는 사람이 이 술을 혼자 마시는 거지."

하인들이 모두 좋다며 손뼉을 쳤어.

"좋아. 그렇다면 준비, 시이-작!"

하인들은 제각기 땅바닥에 뱀을 그리기 시작했어. 키 큰 하인이 제일 먼저 그림을 완성했지. 하긴, 그림 그리기에 자신이 있으니까 그런 제안을 했던 거 아니겠어?

"하하하, 이 술은 내 거야. 어때, 내가 그린 뱀? 나는 시간이 남아서 발까지 그렸다고."

키 큰 하인은 다른 하인들을 비웃으며 술잔을 집어 들었어.

그러자 두 번째로 그림을 그린 하인이 재빨리 그의 술잔을 빼앗았어.

"이건 뱀이 아니야. 세상에 발 달린 뱀이 어디 있어?"

키 큰 하인은 아무 말도 할 수 없었어. 그리지 않아도 되는 발을 괜히 그리는 바람에 술만 빼앗기고 만 거지!

그래서 쓸데없이 덧붙인 일, 또는 군더더기를 가리켜 '사족'이라고 부르게 되었대.

뱀을 나타내는 蛇(뱀 사)와 巳(뱀 사)는 헷갈리기 쉬워요.
사족에서 쓰인 것처럼 蛇(뱀 사)는 말 그대로 동물로서 뱀을 뜻하고,
巳(뱀 사)는 시간, 방향, 띠 등을 표현할 때 쓰입니다.
蛇(뱀 사)와 巳(뱀 사)를 구분하여 알맞은 한자를 빈칸에 넣어 보세요.

❶ 독 毒, 뱀( )
독이 있는 뱀

❷ 뱀( ), 달 月
역술인들이 음력 4월을 가리키는 말

❸ 뱀( ), 방향 方
24 방위의 하나

❹ 흰 白, 뱀( )
색깔이 하얀 뱀

❺ 두 兩, 머리 頭, 뱀( )
머리가 둘 달린 뱀

❻ 뱀( ), 처음 初
사시(巳時, 오전 9시~11시)의 첫 무렵

위에 있는 한자 중에서 동물로서 진짜 뱀은 독사, 백사, 양두사예요.
나머지는 시간이나 방향을 가리키는 천간 지지로서, 뱀 사(巳)자를 쓴답니다.

정답: ❶蛇 ❷巳 ❸巳 ❹蛇 ❺蛇 ❻巳

퀴즈 13

'복숭아밭에서 의형제를 맺다.'는 뜻으로 '뜻이 맞는 사람끼리 하나의 목적을 이루기 위해 행동을 같이하기로 약속하다.'는 의미를 지닌 고사성어는?

① 도원결의 ② 도원길위 ③ 도원가약 ④ 동양거위

다음 한자의 음은 무얼까?

桃 복숭아 ㄷ
노란 복숭아는 황도(黃桃), 흰 복숭아는 백도(白桃)야.

園 동산 ㅇ
우리 공원(公園)에 자전거 타러 가자!

結 맺을 ㄱ
글은 서론, 본론, 결론(結論)으로 구성되었어.

義 옳을 ㅇ
친구들 사이에선 의리(義理)가 중요해.

정답은 ① 도원결의

원래 뜻 >> 복숭아밭에서 의형제를 맺다.
담긴 뜻 >> 뜻이 맞는 사람끼리 하나의 목적을 이루기 위해 행동을 같이하기로 약속하다.

사람은 생김새가 모두 다르지요? 생각하는 것도 모두 달라요. 서로 다른 사람이기 때문에 다른 생각을 하는 건 당연한 일이에요. 그런데 사람들 가운데 나와 생각이 비슷한 사람도 더러 있어요. 물론 그런 사람을 만난다는 건 쉽지 않은 일이지요. **어떤 일을 두고 비슷한 생각을 지닌 사람들이 같은 목적을 이루려고 한마음으로 행동을 같이한다면** 혼자 하는 것보다 훨씬 든든하겠지요?

유비, 관우, 장비의 약속

중국 후한 말, 벼슬아치들은 나랏일보다는 뇌물 챙기기에 바빴어. 그래서 백성들은 살기가 너무 힘들었어. 게다가 머리에 노란 수건을 두른 황건적까지 나타나 반란을 일으키는 바람에 나라의 살림살이는 더욱 나빠지고 백성들의 삶은 더 힘들어졌어.

정부에서는 황건적을 물리치려고 백성들을 모아 군대를 만들려고 했어. 그래서 이를 널리 알리는 벽보가 곳곳에 붙었지.

"나라의 질서를 해치는 황건적을 토벌하려 하니, 뜻이 있는 자는 기꺼이 앞으로 나서시오!"

마침 나라를 무척 아끼는 한 젊은이가 그걸 읽었어.

'위태로운 이 나라를 위해 내가 조금이나마 힘을 보탤 수 있다면!'

젊은이는 가슴이 두근두근 뛰었어. 이 사람이 바로 유비야. 하지만 어지러운 나라 형편을 생각하자, 깊은 한숨이 절로 나왔지.

바로 그때, 몸집이 어마어마하게 큰 젊은이가 유비에게 말을 걸었어.
"그렇게 한숨만 쉰다고 무엇이 달라지겠소?"
다름 아닌 장비였어. 두 사람은 더 이야기를 나누고 싶었어. 그래서 가까운 주막으로 자리를 옮겼지. 그런데 주막에서 또 한 사람을 만났어. 큰 키에 길다란 턱수염, 생김새가 범상치 않은 관우였지.
셋은 밤이 늦도록 이야기를 나누었어. 세 사람은 이야기를 나눌수록 깜짝 놀랐어. 나라를 생각하는 마음이 무척이나 비슷했거든.
다음 날, 세 사람은 유비의 집에서 다시 모였어. 그리고 뒤뜰에 있는 복숭아나무 아래에서 의형제를 맺었어. 유비가 큰형, 관우가 둘째, 장비는 막내가 되었지. 그러고는 힘을 합쳐 나라를 구하는 일에 행동을 같이하기로 맹세했어. 이를 '도원결의'라고 한단다.

소설《삼국지》는 유비의 집 뒤뜰에 있는 복숭아밭에서 유비, 관우, 장비, 이 세 사람이 의형제를 맺는 이야기로 시작해요. 이를 '도원결의'라 하지요. 도원결의가 이루어진 삼국지의 배경을 조금 더 들여다볼까요?

유비

관우

장비

《삼국지》는 본래 《삼국지연의》라는 소설인데, 줄여서 《삼국지》라고도 합니다. 중국의 후한 말에 위·촉·오, 세 나라가 세워져 다투다가 진나라가 통일하기까지 삼국 시대의 역사를 바탕으로 한 장편 소설이에요. 삼국이 천하를 두고 벌이는 힘과 지혜의 다툼을 흥미진진하게 구성했는데, 특히 촉한의 유비·관우·장비, 매력적인 세 인물들의 활약과 제갈량의 지략을 중심으로 서술했어요.

소설은 후한 말, 나라가 몹시 어지러운 상황에서 시작됩니다. 당시 사람들은 서로 모함하고 배반하는 일이 흔했어요. 그래서 마음이 통하는 사람들끼리, 목숨을 걸고 의리를 지키겠다며 종종 의형제를 맺었지요. 이를 '결의형제(結義兄弟)'라고 해요.

그러나 이처럼 의형제를 맺고도 약속을 저버리는 사람들도 많았어요. 눈앞의 이익을 위해 부모, 형제도 공격하였지요. 하지만 의형제가 된 유비, 관우, 장비, 이 세 사람은 다른 사람들의 맹렬한 공격과 유혹에도 결코 흔들리지 않았어요. 어려움이 닥칠수록 더 마음을 모았고, 그 결과 마침내 촉한이라는 나라를 세워, 유비가 황제가 되는 데 성공하였지요. '도원결의'와 '결의형제'가 맺은 아름다운 결실이었답니다.

퀴즈 14

'하늘은 높고, 말은 살찐다.'는 뜻으로 '아름다운 계절, 가을'을 뜻하는 **고사성어**는?

① 천고마비 ② 천근마비
③ 천근만근 ④ 친구말밥

다음 한자의 음은 무엇일까?

天 하늘 ㅊ — 경수는 **천하(天下)**에 둘도 없는 친구야.

高 높을 ㄱ — 초등학교→중학교→**고등학교(高等學校)**

馬 말 ㅁ — 옛날 암행어사들은 **마패(馬牌)**가 있었어.

肥 살찔 ㅂ — **비만(肥滿)**은 현대 사회의 큰 문제야.

정답은 ❶ 천고마비

원래 뜻 » 하늘은 높고, 말은 살찐다.
담긴 뜻 » 아름다운 계절, 가을

여름이 끝나고 선선한 바람이 불어오면 가을이 시작되지요. 날씨가 선선해지면서 말이나 사람이나 무더위에 잃었던 입맛도 돌아옵니다. 또 하늘을 보면 유난히 맑고 파랗지요? 여름내 내렸던 비가 공기 중의 먼지까지 씻어 내렸기 때문입니다. 게다가 가을이 되면 붉고 노란 나뭇잎이 가을 산을 아름답게 물들입니다. 또 겨우살이를 위해 자연이 맺어 놓은 열매들은 우리의 식탁을 풍요롭게 해 주지요.
가을, 일 년 중 최고의 계절임에 틀림없지요.

천고마비가 무섭다고?

옛날, 땅덩어리가 넓은 중국에서는 말이 대단히 중요한 운송 수단이었어. 그래서 집집마다 말을 정성껏 키웠지. 추수의 계절, 가을이 되면 모든 게 풍요로웠어. 물론 말들이 먹을 것도 풍족해졌지. 그래서였을까? 중국 사람들은 가을을 '천고마비'의 계절이라고 불렀어. 하늘은 높고, 말들은 피둥피둥 살이 올랐기 때문이지.

그런데 이 좋은 계절에 엉뚱한 어려움이 닥치곤 했어. 중국 은나라의 북쪽에 살고 있는 흉노족 때문이었어. 은나라 사람들은 이 흉노족을 '오랑캐'라고 불렀어. 오랑캐란 중국 사람들이 이민족을 얕잡아 부르는 말이야.

"오랑캐가 나타났다. 오랑캐!"

은나라 사람들에게 흉노족은 공포의 대상이었어. 흉노족이 나타났다 하면 여기저기 도망치기 바빴지.

"오랑캐들이 말 타는 실력은 정말 뛰어나군."
"초원에서 떠돌아다니니까 그렇지."
"그렇다고 국경을 넘어와 도둑질을 하다니 너무 심하잖아."

흉노족이 사는 북쪽 땅은 농사를 지을 수 없는 척박한 땅이었어. 그래서 먹고살기 위해 떼를 지어 돌아다니며 다른 나라로 쳐들어가 식량과 재물을 빼앗았지. 그러니 은나라 사람들이 흉노족을 미워하고 두려워하는 건 당연한 일이었어. 귀신보다 흉노족이 더 무섭다는 말이 있을 정도였어.

흉노족은 긴 겨울을 나기 위해서 가을이 깊어 갈 즈음 은나라를 침범하곤 했어. 그래서 은나라 사람들은 가을이 오면 흉노족이 쳐들어올까 봐 걱정이 많았다고 해.

"하늘은 높고 말이 살찌는 천고마비의 계절, 그때가 정말 무서워."

은나라 사람들이 입버릇처럼 말했대.

은나라 사람들이 두려워했던 천고마비의 계절, 가을! 천고마비는 날씨가 선선하니 살기 좋고 먹을 것이 풍족해지는 가을날을 표현해.

69

다음은 가을을 멋지게 표현한 말이에요. 이 가운데 '등화가친(燈火可親)'을 나타낸 것은 무엇일까요?

燈 火 可 親
등잔 등 불 화 가할 가 친할 친

1. 수확의 계절

2. 독서의 계절

3. 고독의 계절

4. 사색의 계절

가을은 농산물을 수확하는 계절이고, 날씨가 바뀌면서 외로움을 타는 계절이고, 떨어지는 낙엽을 보며 이런저런 생각이 많아지는 계절이기도 합니다. 그리고 **등화가친(燈火可親)은 등불을 가까이할 만하다는 뜻으로, 가을밤은 선선하고 상쾌해서 등불 아래에서 글을 읽기 좋은 계절임을 표현한 말입니다.** '가을은 독서의 계절'이라는 말과 통하는 표현입니다.

정답: 2

퀴즈 15

'**맹자의 어머니가 세 번 집을 옮기다.**'라는 뜻으로 '자식의 교육을 중요하게 여겨 사는 곳을 옮겨 다닌다.'는 의미를 가진 **고사성어**는?

① 맹모사촌 ② 맹모삼촌 ③ 맹모삼천 ④ 맹모심청

다음 한자의 음은 무엇까?

孟 맏 □	母 어미 □	三 석 ㅅ	遷 옮길 ㅊ
맹모(孟母)는 맹자의 어머니를 말해.	부모(父母)님의 은혜는 무엇으로도 갚기 어려워.	일, 이, **삼(三)**, 사······.	교과서는 그동안 끊임없이 **변천(變遷)**해 왔지.

정답은 ❸ 맹모삼천

> **원래 뜻** 〉〉 맹자의 어머니가 세 번 집을 옮기다.
> **담긴 뜻** 〉〉 자식의 교육을 중요하게 여겨 사는 곳을 옮겨 다닌다.

맹자는 공자와 더불어 중국에서 가장 유명한 사상가로 알려졌어요. 공자보다 100여 년 늦게 태어났지만, 공자의 사상을 발전시켜 중국뿐만 아니라 전 세계에 영향력을 끼쳤지요.
'맹모삼천'은 위대한 사상가 맹자를 교육한 현명한 어머니에 대한 이야기예요. 자식의 교육을 위해 세 번이나 이사할 만큼 정성을 들이다니, 정말 대단하지요?

맹자 어머니의 정성

맹자는 어려서 아버지를 여의고 홀어머니 밑에서 자랐어.

맹자가 처음에 살던 곳은 공동묘지 근처의 작은 마을이었어.

어린 맹자가 서너 살 때였을까? 아침밥을 먹자마자 맹자는 부리나케 밖으로 나갔어. 동네 아이들이랑 어울려 놀기 위해서였지.

무얼 하고 놀기에 맹자는 그렇게 뛰어나갔던 걸까?

"아이고, 아이고!"

아이들은 상여(관을 실어서 묘지까지 나르는 것으로 길다란 가마와 비슷하게 생겼다.)를 메고, 소리 높여 우는 시늉을 했어. 그러고는 재미있다는 듯 금방 깔깔대며 웃었지.

맹자의 어머니는 그 모습을 보고 마음이 아팠어.

'동네에서 날마다 보는 게 저런 모습이니······.'

맹자의 어머니는 그날로 집을 팔고 다른 곳으로 이사했어.

이번에는 근처에 시장이 서는 동네였어. 그런데 이곳에 이사 온 뒤로는 날마다 장사꾼 흉내만 내는 거야.

"막 팔아요, 막 팔아!"

"싸구려입니다, 싸구려!"

어머니는 또 속이 상했어. 그래서 다시 이사하기로 마음먹었지.

이번에는 바로 옆에 서당이 있는 곳이었어. 그랬더니 맹자가 무얼 하며 놀았는지 알아?

서당 놀이를 하고 놀았어. 훈장님 흉내를 곧잘 내더니, 어느새 책도 줄줄 외우지 뭐야. 맹자 어머니는 그제야 흐뭇한 마음이 들었어.

'이번엔 제대로 이사를 왔구나.'

자식의 교육을 위해 세 번이나 이사한 어머니의 정성! 정말 대단하지?

'맹모삼천'이란 말은 자식의 교육을 위해 애쓰는 부모님의 정성을 표현할 때 쓴단다.

한석봉의 어머니, 이이의 어머니 신사임당 등 우리나라에도 자식의 교육을 위해 애쓴 훌륭한 어머니들이 많아요. 그 가운데 '최수의 어머니' 이야기를 들어 볼까요?

아들의 벼슬을 낮추고 싶은 어머니

최수는 조선 시대의 호조 판서 김좌명 대감의 집에서 일하는 하인이에요. 신분은 낮았지만 영리하고, 늘 짬을 내어 열심히 공부하는 아이였지요. 김 대감은 이런 최수가 기특했어요. 그래서 시장에 있는 큰 부잣집으로 장가를 들게 해 주었답니다.

그런데 처가 덕분에 잘살게 되자 최수는 사람이 달라졌어요.

"뱅어국 맛이 왜 이래? 안 먹어!"

뱅어국은 부자들만 먹을 수 있는 귀한 음식인데도 최수는 불평했어요. 이 모습을 보고 최수의 어머니는 가슴이 아팠어요.

그러던 어느 날, 최수는 '호조 서리'라는 벼슬자리를 얻었어요. 최수의 신분으로 호조에서 벼슬을 한다는 것은 엄청난 신분의 상승이요, 집안의 경사였지요. 하지만 최수의 어머니는 생각이 달랐어요. 그래서 김좌명 대감을 찾아가 부탁했어요.

"대감께서 우리 아들을 잘 보살펴 주셔서 부잣집 사위도 되고 좋은 일자리까지 얻었습니다. 그런데 뱅어국도 맛없다 할 지경으로 겸손함을 잃었으니, 이를 어쩌면 좋습니까? 이러한 자가 나라의 재물을 다루는 일을 하다 보면 더 거만해져 나중에 옥살이를 하게 될지도 모릅니다. 자식 하나 바라보고 사는 저를 생각하셔서, 그저 밥이나 굶지 않을 수 있는 자리에서 제 본분을 지키게 해 주십시오."

다들 높은 벼슬을 달라고 부탁하는데 최수의 어머니는 뜻밖에도 아들의 벼슬을 낮추어 달라는 것이었어요. 김좌명 대감은 최수 어머니의 깊은 뜻을 알고 감동했어요. 그래서 최수 어머니의 이야기를 책으로 엮어, 집안의 딸과 며느리를 가르치는 교재로 삼았답니다.

퀴즈 16

'**오두막을 세 번 찾아가다.**'라는 뜻으로,
'뛰어난 인재를 얻으려고 끝없이 노력한다.'는 뜻을 가진 **고사성어**는?

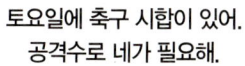

❶ 삼국쳐라　❷ 삼세번임　❸ 삼고초려　❹ 삼국처량

다음 **한자**의 음은 무얼까?

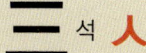 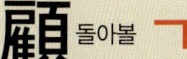 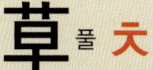 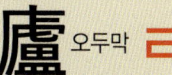

三 석 ㅅ
1등, 2등, **3등(三等)**,
4등……

顧 돌아볼 ㄱ
노인은 젊은 시절을
회고(回顧)하였다.

草 풀 ㅊ
푸른 **초원(草原)**에서
맘껏 뛰놀고 싶어.

廬 오두막 ㄹ
승려가 사는 암자도
승려(僧廬)라고 불러.

정답은 ❸ 삼고초려

삼 고 초 려

[석 三] [돌아볼 顧] [풀 草] [오두막 廬]

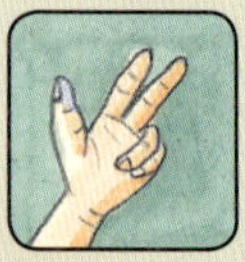

원래 뜻 ≫ 오두막을 세 번 찾아가다.

담긴 뜻 ≫ 뛰어난 인재를 얻으려고 끝없이 노력한다.

꼭 가지고 싶은 물건이 있을 때, 여러분은 어떻게 하나요?
용돈을 모으거나 부모님께 졸라서 사겠지요? 물건은 돈을 주면 살 수 있으니까요.
그렇다면 사람이 꼭 필요할 땐 어떻게 해야 할까요?
무엇보다 그 사람에게 나의 간절한 마음을 표현해야 해요. 혹시 거절당하더라도 그 사람이 기분 나쁘지 않은 선에서 찾아가 진심을 전하려는 노력을 보여야 하지요. 그렇다면 '진심을 담은 간절함'은 어떻게 표현해야 할까요?

세 번 찾아간 제갈량의 집

유비는 관우, 장비와 의형제를 맺고 기울어져 가는 한나라를 다시 일으키려고 애를 썼어. 하지만 안타깝게도 유비의 세력은 보잘것없었지.

그러던 어느 날, 유비는 제갈량이라는 사람이 지혜가 매우 뛰어나다는 이야기를 들었어. 그래서 그에게 도움을 청하려고 제갈량을 찾아갔지.

제갈량은 어지러운 세상을 피해 시골 초가집에서 농사를 지으며 살고 있었어. 유비가 제갈량의 집에 가 보니 미리 연락을 했는데도 제갈량이 집에 없는 거야. 한참을 기다려도 제갈량이 오지 않아, 헛걸음만 하고 집으로 돌아갔어.

며칠 후, 유비는 두 동생을 데리고 다시 제갈량의 집을 찾았어. 그런데 이번에도 제갈량은 집에 없었어.

"아니, 이런 무례한 자 같으니! 어떻게 두 번씩이나 이럴 수가 있어?"

"글쎄 말입니다. 나이도 어리다던데!"

관우와 장비는 마구 화를 냈어.

"그럼에도 불구하고 나는 제갈량의 도움이 필요하다."

두 동생이 유비를 말렸지만, 유비는 그다음에 또 제갈량을 찾아갔어. 이러한 유비의 모습에 제갈량도 크게 감동했지. 그래서 마침내 제갈량은 군사 전략가로서 유비를 돕기로 했어.

결국 유비, 관우, 장비는 제갈량의 도움을 받아 조조의 100만 대군을 무찔렀다고 해. 그 승리를 발판으로 유비는 촉한이라는 큰 나라를 세울 수가 있었지. 인재 한 사람을 맞으려고, 정성을 들인 유비의 노력이 결실을 맺은 거야.

천하를 얻으려면 상대방의 마음에 감동을 일으켜야 한단다.

다음 중 ( ) 안에 '삼고초려'라는 말을 넣어 뜻이 통하지 않는 것은 어떤 것일까요?

1. 심퉁이는 ( ) 끝에 호통이와 축구 시합에 나가 우승했다.

2. 우리 학교 축구 감독님은 교장 선생님께서 ( ) 하여 모셔 왔다.

3. 이번 시험에서 내가 좋은 성적을 거둔 것은 순전히 ( ) 덕분이다.

4. 그는 아무도 모르게 도와달라고 김 선생님께 ( ) 하였다.

삼고초려는 '오두막을 세 번 찾아간다.'는 뜻으로 훌륭한 인물을 모시기 위해서 최선을 다한다는 것을 표현한 것입니다. 유비가 제갈량을 같은 편으로 만들려고 세 번이나 찾아간 데서 유래했지요. 이러한 유비의 정성이 있었기에 세상을 등졌던 제갈량의 마음도 바뀔 수 있었던 거예요. 스스로 노력한 끝에 시험에서 좋은 성적을 거두는 것은 '삼고초려'와 관계없답니다.

정답: 3번

퀴즈 17

'백아가 스스로 악기 줄을 끊는다.'는 뜻으로 '자기를 알아주는 진정한 벗의 죽음을 슬퍼하다.'는 의미를 담은 고사성어는?

① 백아절현 ② 바잉저형 ③ 안연주해 ④ 비온재해

귀띔 - 다음 한자의 음은 무얼까?

伯 맏 ㅂ — 큰아버지는 한자로 **백부(伯父)**야.

牙 어금니 ㅇ — **치아(齒牙)**가 건강하려면 이를 잘 닦아야 해.

絕 끊을 ㅈ — 은지랑 민수랑 싸우더니 **절교(絕交)**했대.

絃 악기 줄 ㅎ — 바이올린, 첼로, 가야금 등을 **현악기(絃樂器)**라고 해.

정답은 ① 백아절현

백 아 절 현

[맏 伯] [어금니 牙] [끊을 絕] [악기 줄 絃]

원래 뜻 ≫ 백아가 스스로 악기 줄을 끊는다.
담긴 뜻 ≫ 자기를 알아주는 진정한 벗의 죽음을 슬퍼하다.

세상에서 가장 가치 있는 것은 무엇일까요?

생명, 사랑, 행복……. 이런 것들은 결코 돈으로는 살 수 없는 값진 것이에요. '우정'도 돈으로 살 수 없는 거지요. 사람에게는 누구나 친구가 있지만, 진실한 우정을 주고받을 수 있는 친구는 그리 많지 않아요. 나의 고통을 함께 아파해 주고 나의 행복을 진심으로 기뻐하며 축하해 줄 친구. 백아절현은 바로 그런 친구의 소중함을 다룬 이야기랍니다.

백아가 줄을 끊었다고?

옛날에 백아라는 사람이 있었어. 백아는 '거문고의 명인'이라고 불릴 만큼 거문고를 잘 탔지. 그런 그에게 종자기라는 친구가 있었는데, 종자기는 누구보다도 백아의 연주를 사랑했어.

백아가 높은 산을 연주하면,

"하늘 높이 우뚝 솟은 느낌이 태산 같구나!"

백아가 큰 강을 표현하면,

"조용하지만 힘 있게 흐르는 것이 마치 황허 강 같구나!"

이처럼 종자기는 신기하게도 백아가 거문고로 표현하는 것을 정확하게 알아맞혔어. 그야말로 백아의 연주를 가슴으로 이해하고 온몸으로 느끼는 사람이었지. 백아 역시 자기와 음악 세계가 통하는 종자기를 가까이 두고 언제나 소중히 여겼어.

그런데 그만 불행한 일이 닥치고 말았어. 종자기가 병에 걸려 갑자기 세상을 떠나 버린 거야. 백아는 친구의 죽음에 누구보다 슬퍼했어.

"종자기가 없으면 나는 무슨 낙으로 연주를 한단 말인가?"

슬픔을 참지 못한 백아는 자신의 거문고를 가져와 줄을 한 가닥 한 가닥 끊기 시작했어. 거문고는 곧 줄이 모두 끊어진 채 몸통만 남았어.

"이 세상에 내 연주를 제대로 이해해 준 사람은 오로지 종자기뿐이었다. 이제 내 연주를 진심으로 이해하는 사람이 없으니 더는 연주할 필요도 없지."

백아는 그 후로 다시는 거문고를 연주하지 않았대.

세상에는 우정에 관한 교훈을 담은 말이 참 많아요.
우리나라 속담도, 서양 격언도 그렇답니다.
○ 안에 알맞은 말을 넣어 보세요.

(1) 어려울 때 친구가 진짜 ○○다.

사람들은 어려운 일을 당한 사람을 보면 '혹시 나까지 피해를 보진 않을까?' 하고 걱정해요. 그래서 어려울 때 옆에 있어 주기란 쉽지 않지요. 내가 기쁠 때나 슬플 때나 한결같이 함께해 주는 친구. 그런 친구야말로 참된 친구라고 할 수 있답니다.

(2) 친구 따라 ○○ 간다.

친구들과 어울리다 보면 말투도 행동도 닮아 가지요. 착한 친구를 사귀면 내 생각도 선해지고, 장난을 좋아하는 친구를 사귀다 보면 나도 장난치기를 좋아하게 됩니다. 친구의 행동이 내 판단의 기준이 될 수 있기 때문이랍니다.

(3) 사람의 됨됨이를 알고 싶으면 ○○가 누구인지를 알아보라.

반듯한 사람의 곁에는 반듯한 친구가 있어요. 그런가 하면 무책임한 사람의 곁에는 또 비슷한 친구가 있게 마련이에요. 그래서 친구를 보면, 그 사람의 됨됨이를 알 수 있답니다.

(4) 친구는 제2의 ○○이다.

친구는 나의 영혼을 지키고 깨워 주며 인생이라는 긴 여행을 함께 가는 사람이에요. 그러니 얼마나 소중한가요? 우리는 아주 소중한 것을 빗대어서 재산이라고도 하지요.

(5) 친구를 얻는 유일한 방법은 스스로 완전한 ○○가 되는 것이다.

사람은 누구나 '나한테도 좋은 친구가 있으면…….' 하고 바랍니다. 그럼 어떻게 해야 좋은 친구를 얻을 수 있을까요? 먼저 내가 그 사람의 좋은 친구가 되어야 하겠지요. 우정은 혼자 이루어 내는 것이 아니니까요.

정답: (1) 친구 (2) 강남 (3) 친구 (4) 재산 (5) 친구

퀴즈 18

'**반딧불이와 눈의 빛으로 이룬 공**'이라는 뜻으로
'가난한 형편에도 불구하고 열심히 공부한다.'는
교훈을 담은 **고사성어**는?

① 화성지구　② 형설지공　③ 형성지구　④ 학생답군

다음 한자의 음은 무얼까?

螢 반딧불이 ㅎ	雪 눈 ㅅ	之 갈 ㅈ	功 공 ㄱ
방이 너무 깜깜해. 형광등(螢光燈)이 나갔어.	갑자기 많이 내리는 눈을 폭설(暴雪)이라고 해.	좌우지간(左右之間) 내가 많이 먹을 거야.	내가 이 시합에서 가장 큰 공(功)을 세웠어.

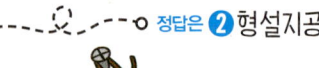 정답은 ❷ 형설지공

형 설 지 공

[반딧불이 螢]   [눈 雪]   [갈 之]   [공 功]

원래 뜻 ≫ 반딧불이와 눈의 빛으로 이룬 공
담긴 뜻 ≫ 가난한 형편에도 불구하고 열심히 공부한다.

지금 우리가 사는 세상은 참 풍요로운 시대예요. 도무지 부족함을 모르는 시대라고 할 수 있지요. 하지만 불과 100년 전만 해도, 오로지 '살기 위해서' 먹고 입는 걸 걱정하는 시대였어요. 그런 시절에 공부하긴 또 얼마나 어려웠겠어요. 아무리 공부가 하고 싶어도 뜻대로 할 수 없었답니다. '형설지공'이라는 말에는 이러한 시대의 모습이 잘 담겨 있습니다.

차윤과 손강의 공부법

중국 진나라에 차윤과 손강이라는 소년이 있었어. 둘은 공부하기를 좋아했지만, 둘 다 집안 형편이 좋지 않았어. 그래서 낮에는 부모님을 도와 농사일을 돕고, 밤이 늦어서야 공부를 할 수 있었지. 그때는 전기가 있던 시절도 아니었거든. 밤에는 호롱불을 켜야 공부할 수 있었는데, 기름은 또 어찌나 비싼지! 감히 살 엄두조차 못 냈어.

어느 여름밤, 차윤은 마당을 서성이며 곰곰이 생각했어.

'밤에 공부할 수 있는 방법이 없을까?'

그런데 그때, 마당에 반딧불이가 날아다니는 거야. 꽁무니에 밝은 빛을 내면서 윙윙 날아다니고 있었지.

'옳지! 그러면 되겠다!'

차윤은 얼른 방에서 명주 주머니를 하나 들고 나왔어. 그리고는 날아다니는 반딧불이를 잡기 시작했지. 수십 마리를 주머니에 채우고 나니까 주머니 바깥으로 빛이 새어 나왔어. 그런대로 책을 읽을 수 있는 밝기였어. 차윤은 반딧불이의 빛으로 열심히 공부할 수 있었어.

그럼 손강은 어땠을까?
겨울이 되자 함박눈이 펄펄 쏟아졌어. 밤중에 가만히 창밖을 보던 손강은 갑자기 무릎을 탁 쳤지.
"그래, 바로 이거야!"

손강은 방문을 열고 밖으로 뛰어나갔어. 밖은 하얀 눈 덕분에 글자가 보일 정도로 환했지. 몹시 춥긴 했지만 상관없었어. 손강은 하얀 눈의 빛으로 책을 읽기 시작했지.

이렇게 열심히 공부한 차윤과 손강은, 나중에 아주 높은 벼슬자리까지 올랐어.
반딧불이와 눈의 빛을 이용한 눈물겨운 공부, 즉 형설지공 덕분이었던 거야.

호통이네 반 아이들은 '**형설지공**'의 유래에 대한 이야기를 듣고 떠오른 생각을 써 보기로 했어요.
형설지공과 거리가 먼 이야기를 쓴 사람은 누구일까요?

- 호통이 -

우리 외삼촌은 다리가 불편한 장애인이다. 그런데 할머니의 헌신적인 사랑으로 수영을 할 수 있었다. 할머니는 하루도 거르지 않고 외삼촌을 수영장에 데려다주었다. 그 덕분에 외삼촌은 장애인 올림픽에서 금메달을 딸 수 있었다. 난 외삼촌이 자랑스럽다.

- 척척이 -

오늘 텔레비전에 나온 오빠는 배달원으로 일하면서 짬짬이 공부를 한다고 한다. 대학교에 가기 위해서라나?
그 오빠가 꼭 원하는 대학교에 합격했으면 좋겠다.

- 발바리 -

우리 엄마는 어릴 때 무척 가난하였다. 낮에는 공장에서 일하고, 밤에는 뺨을 꼬집어 가며 공부하셨다고 한다. 그런 어머니를 생각하면 눈물이 난다.

- 심통이 -

"일이 힘든 건 상관이 없어요. 공부할 시간이 부족한 게 조금 안타깝지요."
TV 속 군밤 장수 형이 한 말이 생각난다. 정말 멋진 형이다.

형설지공은 어려운 처지에도 열심히 공부하거나 일한다는 뜻이에요. 그런데 호통이의 이야기는 장애를 극복하려 한 외삼촌의 노력보다는 헌신적으로 뒷바라지한 할머니의 자식 사랑이 더 중심되는 이야기입니다.

정답: 호통이

정말 반딧불이의 빛으로 책을 읽을 수 있나요?

한 곤충 연구가가 실제 반딧불이로 책을 읽을 수 있는지 실험했대요. 연구가는 반딧불이를 180마리 정도 잡아 채집 상자에 넣었어요. 그러고는 빛이 차단된 자동차 안으로 들어왔지요. 그랬더니 정말 책을 읽을 수 있더라는 거예요. 다만 자꾸 켜졌다 꺼졌다 하는 바람에 생각보다는 어두웠다고 해요. 그래도 동물이 내는 자연의 빛으로 책을 읽을 수 있다니, 참 신기하지요?

퀴즈 19

'**배에 새겨 칼을 구한다.**'는 뜻으로 '어리석고 미련하여 융통성이 없다.'는 의미로 사용되는 **고사성어**는?

① 가자고고　② 기억감퇴　③ 각주구검　④ 각자구걸

귀띔 다음 한자의 음은 무엇일까?

刻 새길 ㄱ
자유의 여신상은 미국을 대표하는 **조각상(彫刻像)**이야.

舟 배 ㅈ
노아의 **방주(方舟)**란 노아가 탄 배를 말해.

求 구할 ㄱ
거지가 **구걸(求乞)**하는 걸 보니 불쌍해.

劍 칼 ㄱ
나는 운동 중에서 **검도(劍道)**가 제일 좋아.

정답은 ❸ 각주구검

> **원래 뜻** » 배에 새겨 칼을 구한다.
> **담긴 뜻** » 어리석고 미련하여 융통성이 없다.

가끔 중요한 무언가를 다른 사람들 몰래 감추어 둘 때가 있지요? 혹시 나조차 숨긴 곳을 못 찾을까 봐, 그 자리에 나만의 작은 표시를 남겨 놓기도 해요. 그래야 감춘 물건을 안전하게 찾을 수 있으니까요. 하지만 움직이는 배 위에서 물건을 강물 속으로 떨어뜨렸다면, 그 위치를 어떻게 표시해야 할까요? '각주구검'이란 그 자리를 배에다 표시한다는 거예요. **물결 따라 잠시도 쉬지 않고 움직이는 배에 표시해 두면, 과연 찾을 수 있을까요?**

배는 움직이는데 이제야 칼을 찾는다고?

중국 춘추 전국 시대에 초나라의 젊은이가 배를 타고 양쯔 강을 건너고 있었어. 젊은이는 긴 칼을 손에 꼭 쥐고 있었지. 아주 귀한 물건이었는지, 좀처럼 몸에서 떼어 놓지 않았어.

그런데 배가 양쯔 강의 깊은 곳을 지날 때였어. 젊은이가 깜짝 놀라 소리를 질렀어. 실수로 칼을 놓치고 만 거야. 칼은 금방 강물 깊은 곳으로 빠져 버렸어. 강물 위에는 아무런 흔적도 남지 않았어.

같은 배를 타고 있던 사람들이 모두 안타까워했어. 하지만 웬걸, 젊은이는 곧 태연한 표정으로 보자기에서 작은 칼을 꺼냈어. 그러더니 자기가 있었던 뱃전에다 칼로 새겨 표시를 하는 거야. 사람들은 젊은이가 무슨 행동을 하는지 알지 못하고 고개만 갸웃거렸어.

이윽고 배가 부두에 닿았어. 그러자 갑자기 젊은이가 물속으로 풍덩 뛰어드는 게 아니겠어? 알고 보니 젊은이는 배에 표시해 두었던 자리 밑에서 칼을 찾으려는 거였어. 당연히 칼은 찾을 수 없었지.
사람들은 모두 젊은이를 보고 비웃었어.
"허허, 이런 어리석은 사람을 봤나. 배가 얼마나 많이 움직였는데 이제야 칼을 찾아?"
"배에다 표시해 두면 그 밑에서 찾을 수 있을 줄 알았던 모양이오. 쯧쯧."
그 뒤로 사람들은 미련하고 융통성이 없는 사람을 보고 '각주구검'이라는 말을 사용하게 되었대.

선생님께 선물을 드리려고
3학년 1반에서 회의가 열리고 있어요. 그런데 다음 중
'각주구검'과 비슷한 말을 하는 사람은 누구일까요?

- 척척이: 나는 뭐든 좋아! 반장의 의견에 따르겠어!
- 발바리: 선물? 용돈 다 떨어졌는데…. 누가 돈 좀 빌려 줘!
- 엉뚱이: 난 케이크가 좋겠어. 이왕이면 크고 비싼 걸로!
- 호통이: 립스틱 어때? 작년에 우리 반 담임 선생님은 립스틱을 굉장히 좋아하시던데!

'각주구검'은 보통 변화를 알지 못하고 어리석게 행동하는 사람을 꼬집는 말이에요.
호통이는 담임 선생님에게 무엇이 필요할까를 고려하지 않았어요. 그저 작년에 담임을 하셨던 선생님이 좋아하셨으니까 지금 선생님도 좋아하실 거라는 어리석은 생각으로 이야기하고 있지요. 하지만 남자 선생님께 립스틱이 필요할까요?

정답: 호통이

퀴즈 20

'하나를 들어 두 개를 얻는다.'는 뜻으로 '한 가지 일을 통해서 두 가지 이익을 얻는다.'는 의미로 사용되는 고사성어는?

❶ 여기어디 ❷ 일개오뎅 ❸ 두개이득 ❹ 일거양득

귀띔 — 다음 한자의 음은 무엇까?

- 一 하나 ○
  일(一), 이, 삼, 사……
- 擧 들 ㄱ
  군인이 손을 들어 하는 인사를 '거수경례(擧手敬禮)'라고 해.
- 兩 두 ○
  양손(兩一)에 짐을 들어서 무거워.
- 得 얻을 ㄷ
  깃발을 먼저 획득(獲得)하는 사람이 이깁니다.

정답은 ④ 일거양득

한꺼번에 호랑이 두 마리를!

옛날에 변장자라는 사람이 있었어. 그는 엄청난 힘을 자랑하는 사람이었지. 호랑이와 싸워도 이길 정도였거든.

어느 날, 갑자기 마을이 시끄러웠어.

"호랑이다! 호랑이가 나타났다!"

마을에 호랑이가 나타난 거야. 사람들이 기르는 소를 잡아먹으려고 산에서 내려온 거지. 한 마리도 아니고 두 마리씩이나 말이야.

사람들은 모두 집으로 가서 숨었어. 하지만 변장자는 마을의 소를 지키겠다는 생각으로 팔을 걷어붙였어.

그때, 하인이 그를 부르는 거야.

"주인님."

"왜 그러느냐?"
"주인님이 힘센 건 잘 알지만, 지금은 나서지 않는 것이 좋겠습니다."
"그건 왜 그렇지?"
하인이 그 이유를 설명했어.
"지금 호랑이 두 마리가 소를 두고 싸우고 있습니다. 그러다 보면 약한 놈은 죽을 것이고, 힘이 세서 이기는 놈도 상처를 입게 되겠지요. 그때가 되면 아주 쉽게 호랑이 두 마리를 잡을 수 있습니다. 일거양득이지요."
변장자는 하인의 말이 옳다고 생각했어. 그래서 일단은 호랑이 두 마리가 싸우는 걸 가만히 지켜보고만 있었어.
그리고 드디어 결투가 끝났지. 변장자가 밖으로 나와 보니, 하인의 말대로 이긴 놈은 힘들어 헉헉대고 있었어. 덕분에 힘센 호랑이도 아주 간단히 때려잡을 수 있었대.

우리나라 속담에도 '일거양득'과 같은 행운을 뜻하는 속담이 많아요. ○ 안에 어울리는 낱말을 써넣으세요.

(1) ○○ 쓸고, 동전 줍고
마당을 쓰는 일은 조금 귀찮은 일이에요. 하지만 쓸고 나면 깨끗해지니까 기분은 좋아요. 마당을 쓰는데, 누군가 떨어뜨린 동전을 줍는다면? 이거야말로 일거양득이지요.

(2) 누이 좋고, ○○ 좋고
누이는 남자 형제가 여자 형제를 이르는 말이에요. 매부는 누이의 남편이지요. 두 사람이 부부니까 누이에게 좋은 일이면 매부에게도 좋겠죠? 좋은 일 하나가 둘에게 좋으니까 일거양득이에요.

(3) ○ 먹고, 알 먹기
옛날 강원도에서 사람들이 밭을 일구려고 수풀이 우거진 땅에 불을 질렀어요. 그러다가 불에 탄 꿩을 발견했지요. 거기에는 꿩의 알도 수북이 있었어요. 꿩은 알을 지키다 죽었지만, 농부에게는 일거양득이 되었지요.

(4) 도랑* 치고, ○○ 잡기
가재는 맑은 계곡이나 도랑에 있는 돌 밑에 숨어 살지요. 농촌에서는 추수가 끝나면, 논에서 물을 빼기 위해 주변에 도랑을 만들어야 해요. 도랑을 만들려고 돌을 들었는데 가재까지 잡는다는 의미로 한 가지 일로 두 가지 이익을 얻는다는 뜻이에요.

*도랑: 폭이 좁고 작은 개울

(5) ○도 보고, 뽕도 딴다.
뽕나무 잎은 약으로도 쓰이고, 차로 우려 마시기도 하고, 장아찌처럼 반찬으로 먹을 수도 있어요. 그런데 뽕나무 잎을 따러 갔다가, 좋은 사람까지 만나면 이것도 일거양득이지요?

정답: (1)마당 (2)매부 (3)꿩 (4)가재 (5)님

퀴즈 21

'머리는 용, 꼬리는 뱀'이라는 뜻으로 '처음은 좋았으나, 끝이 좋지 않다.'는 의미를 담은 **고사성어**는?

① 용두사미　② 용두암석　③ 용다소미　④ 용두사니

다음 한자의 음은 무얼까?

龍 용 ○
용(龍)과 봉황은 상상 속의 동물이야.

頭 머리 ㄷ
두뇌(頭腦)가 우수하다고 공부를 잘하는 건 아니야.

蛇 뱀 ㅅ
독이 있는 뱀을 독사(毒蛇)라고 해.

尾 꼬리 ㅁ
아까부터 누군가 나를 미행(尾行)하고 있어.

정답은 ❶ 용두사미

머리만 용, 꼬리는 뱀!

옛날 중국 송나라에 진존자라는 스님이 있었어.

진존자는 깊은 도를 깨닫고 싶어서 여기저기 여행을 다니며 많은 스님들을 만났지.

'여러 스님들을 만나 이야기를 나누다 보면, 도를 깨치게 될 거야.'

진존자는 스님들을 만나면 선문답이라는 걸 나누곤 했어. 선문답은 불교에서 말하는 깨달음에 대해서 서로 묻고 답하는 거야. 진존자는 여러 스님을 만나 선문답을 하면서, 도를 깨치는 데 큰 도움을 받았어.

그러던 어느 날, 진존자가 한 스님을 만났어. 생김새가 보통 스님 같아 보이지 않았지. 수염을 덥수룩하게 기른 데다가 표정도 없이 뭔가 깊은 생각에 빠진 것 같았어.

진존자는 그 스님과 선문답을 나누고 싶었어. 그래서 첫 번째 질문을 던졌지. 그런데 그 스님은 대답은 하지 않고, 버럭 소리를 지르며 꾸짖는 거야.

'아, 뭔가 깊은 깨달음이 있으니까 이렇게 큰소리를 치시는 모양이야. 옳지, 많은 걸 배울 수 있겠어.'

진존자는 겸손하게 두 번째 질문을 던졌어. 두 번째 질문에도 그 스님은 버럭 소리를 지르며 꾸짖기만 했어. 진존자는 점점 이상한 생각이 들었어. 그 스님은 질문을 던질 때마다 대답은 커녕 버럭 소리만 질렀으니까.

결국 진존자는 크게 실망하고 말았어.

'이 중은 겉으로만 그럴듯해 보이는군. 머리는 용처럼 치장했지만 뱀의 꼬리를 달았구나.'

그 뒤로 시작할 때는 거창하고 요란하였으나, 흐지부지되고 끝이 좋지 않게 되는 것을 일컬어 '용두사미'라고 하였단다.

다음은 용과 관련된 우리나라 속담이에요.
속담과 어울리는 설명을 보기에서 골라 (   ) 안에 써넣으세요.

1. 잉엇국 먹고 용트림한다. (   )
2. 미꾸라지 천년에 용 된다. (   )
3. 개미떼가 용도 잡는다. (   )
4. 용 못 된 이무기 심술만 남았다. (   )
5. 자가사리가 용을 건드린다. (   )

 보기
㉮ 무슨 일이든 오랫동안 노력하면 반드시 훌륭해질 수 있다.
㉯ 약한 사람끼리 뭉치면, 강한 사람도 이길 수 있다.
㉰ 어떤 일을 이루려다 안 되니까 심술만 부린다.
㉱ 힘이 약한 것이 분수에 맞지 않게 강한 것을 함부로 건드린다.
㉲ 별로 잘난 것도 없으면서 겉으로 있는 체한다.

"**잉엇국 먹고 용트림한다.**"는 잉어 넣고 끓인 국을 먹었을 뿐인데 거드름을 피우며 일부러 크게 힘을 들여 트림한다는 뜻으로, 겉으로 가진 체하기보다는 진정한 실력을 갖춰야 한다는 것이에요.
"**미꾸라지 천년에 용 된다.**"는 오랫동안 노력하면 훌륭해진다는 뜻이지요.
"**개미떼가 용도 잡는다.**"는 것은 힘을 뭉치면, 어떤 강한 상대도 붙어 볼 만하다는 뜻이에요.
"**용 못 된 이무기 심술만 남았다.**"라는 속담을 보면 우리 주변에도 그런 사람이 있지요?
'**자가사리'는 강에서 사는 물고기예요.** 평범한 물고기가 용도 몰라보고 함부로 덤빈다면, 어떻게 될까요?

정답: 1-㉲ 2-㉮ 3-㉯ 4-㉰ 5-㉱

퀴즈 22

'계란에도 뼈가 있다.'는 뜻으로 '운이 나쁘면 어쩌다 좋은 기회를 만나도 일이 안 풀린다.'는 의미를 담은 **고사성어**는?

① 겨란유골　② 계란유골　③ 계란이상　④ 계란요기

 다음 한자의 음은 무엇일까?

鷄 닭 ㄱ	卵 알 ㄹ	有 있을 ㅇ	骨 뼈 ㄱ
계란(鷄卵)의 순우리말은 달걀이야.	명란젓(明卵-)은 명태의 알로 만들었어.	저 자동차를 소유(所有)한 사람은 누구일까?	몸통의 아래쪽 부분을 이루는 뼈를 골반(骨盤)이라 해.

 정답은 ❷ 계란유골

계 란 유 골

[닭 鷄]   [알 卵]   [있을 有]   [뼈 骨]

원래 뜻 》 계란에도 뼈가 있다.

담긴 뜻 》 운이 나쁘면 어쩌다 좋은 기회를 만나도 일이 안 풀린다.

우리나라 속담에 "뒤로 자빠져도, 코가 깨진다."는 말이 있어요. 어떻게 뒤로 넘어졌는데 코가 깨질까요? 뒤통수도 아니고 말이에요. 정말 그런 경우가 있다면 진짜 운이 없는 사람일 거예요. '계란유골' 또한 바로 그런 뜻이에요. 뼈가 있는 계란은 없어요. 骨(뼈 골)은 '곯다'와 발음이 같아서 쓴 한자로, 사실은 '계란이 곯아 있다.'라고 풀이해요. 어쩌다 생긴 계란이 곯아서 못 먹게 된다면, 이것 역시 운이 없어도 정말 없다는 뜻이겠지요?

황희 정승의 곯은 계란

조선 세종 때, 황희라는 선비가 있었어. 그는 영의정이라는 높은 벼슬에 있었지만, 욕심도 없고 언제나 겸손했어. 성품이 강직하고 행동이 바른 사람으로 소문이 자자해서 많은 사람들이 그를 존경하고 따랐어.

세종도 그를 매우 아끼고 사랑했어.

'저렇게 청렴한 사람이 또 어디 있단 말인가? 집안 살림이 몹시 어렵다던데 내가 도와줄 방법이 없을까?'

세종은 조용히 한 신하를 불러 말했어.

"오늘 하루, 남대문으로 들어오는 물건을 전부 황희 대감의 집으로 가져다 드려라."

신하들도 왕의 깊은 뜻을 이해했어. 게다가 자기들이 존경하는 황희 정승을 위한 일이어서 모두 신바람이 났지.

하지만 "가는 날이 장날"이라고 했던가? 하필이면 그날, 한양에 종일 비가 쏟아졌어. 그날따라 남대문을 통해서 들어오는 물품이라곤 계란 한 꾸러미가 전부였단다.
'아쉽지만, 이거라도 어디야?'
신하들은 그것을 황희에게 가져다주었어. 황희는 왕의 따뜻한 마음에 감동하며 감사히 계란을 받았지.
그날 저녁, 먹을 것이 부족했던 황희네 집에서는 그 계란을 먹으려고 모두 삶았어. 그런데 이게 웬일이야?
계란은 모두 곯은 것이었어. 도저히 먹을 수 없을 정도였지.
그래서 사람들은 운이 나쁘면 어쩌다 좋은 일이 생겨도 덕을 못 본다는 의미로 '계란유골'이라는 말을 썼다고 해.

서양 사람들은 '계란유골'과 같은 상황을 '머피의 법칙'이라고 해요. 다음 '머피의 법칙'에 해당되는 상황을 보고, 계란유골과 비교해 보세요.

'머피의 법칙'은 1949년 미국 공군에서 근무하던 에드워드 머피 대위의 이름을 딴 거예요. 머피 대위는 어떤 실험이 자꾸 실패하는 원인을 찾다가, 기술자들이 머피 대위가 설계한 부품을 전부 잘못된 방법으로 조립했다는 것을 발견했어요. 그래서 "어떤 일을 하려는 데에는 여러 방법이 있는데, 그중에 한 가지 방법이 재앙을 불러온다면 누군가는 꼭 그 방법을 쓴다."고 말했어요. 그 이후로 하려는 일이 이상하게 꼬여서 잘 풀리지 않는 경우에 '머피의 법칙'이라는 말이 사용되었답니다.

퀴즈 23

'많으면 많을수록 좋다.'는
뜻을 가진 **고사성어**는?

❶ 더더요구   ❷ 더더요상   ❸ 다다익선   ❹ 다다임선

귀띔 다음 한자의 음은 무얼까?

多 많을 ㄷ	多 많을 ㄷ	益 더할 ㅇ	善 좋을(착할) ㅅ
다수결(多數決)은 많은 의견을 따라 결정하는 거야.	대다수(大多數)의 사람이 일을 해서 돈을 벌어.	공부를 하는 건 나에게 이익(利益)이야.	선(善)한 사람이 많으니 세상은 살 만해.

정답은 ❸ 다다익선

다 다 익 선

[많을 多]   [많을 多]   [더할 益]   [좋을(착할) 善]

원래 뜻 》 많으면 많을수록 더 좋다.

담긴 뜻 》 많으면 많을수록 더 좋다.

많으면 많을수록 좋은 건 무엇일까요? 좋은 친구, 풍부한 지식, 정다운 이웃, 여유 있는 재산, 적과 싸움이 붙었을 때 우리 편이 많으면 많을수록 좋겠지요. 하지만 많은 것이 늘 좋기만 할까요? 꼭 그럴진 않아요. 그래서 고사성어는 그 뜻이 잘 어울리는 상황에서 사용해야 하지요. '다다익선'은 우리에게 뭔가 조금 부족할 때, 그것의 가치를 더 소중히 느끼며 쓰는 표현이랍니다.

많으면 많을수록 좋지

중국 한나라의 유방은 뛰어난 능력을 갖춘 사람이야. 드넓은 중국 땅에 우후죽순으로 세워진 크고 작은 나라들을 통일했어. 그때 가장 큰 공을 세운 사람은 바로 한신 장군이지.

어느 날, 유방이 한신에게 물었어.

"한신 장군."

"예, 폐하!"

"그대는 내가 얼마나 많은 장수를 거느릴 수 있다고 생각하는가?"

"10만 명쯤을 거느리실 수 있을 것입니다."

"10만 명? 그렇다면 그대는 얼마나 많이 병사를 거느릴 수 있는가?"

"저는 다다익선, 많을수록 좋습니다."

유방은 좀 어이가 없었어. 왕은 10만 명을 거느릴 수 있지만, 자기는 그보다 더 많이 거느릴 수 있다는 말이잖아?
유방이 다시 물었어.
"나는 10만밖에 안 되는데, 어찌 그대는 더 많이 거느릴 수 있다는 건가?"
그러자 한신이 웃는 얼굴로 대답했어.
"폐하, 저는 일개 병사들을 거느리는 장수입니다. 병사는 많을수록 좋지요. 하지만 폐하는 그 병사들의 장수를 거느리시는 분입니다. 그런 장수가 10만 명이면 엄청난 병력이라는 뜻이지요. 그것이 바로 폐하의 능력이십니다."
이렇게 '다다익선'이라는 말은 유방의 군사 통솔 능력을 칭송하면서 만들어진 말이야.

다음 중 어떤 것이 내가 생각하는 '다다익선'과 가까운가요?
왜 그렇게 생각하는지 이야기해 보세요.

퀴즈 24

'물을 등 뒤에 두고 진을 치다*.'는 뜻으로 '물러설 곳이 없어, 어떤 일에 죽기를 각오하는 자세로 임하다.'라는 의미를 담은 고사성어는?

나 이거 봐라!

오옷! 100점이잖아!

니가 100점일 줄이야!

베낀 거 아니지?

이번 시험은 어쩐 일로 이렇게 잘 봤어?

엄마가 '게임 금지'라고 해서, 죽기 살기로 공부했지!

게임을 금지시키다니 너무하다고 생각하지 않아?

*진을 치다: 전쟁을 위해 군대를 배치하다.

❶ 벽수진   ❷ 박수진   ❸ 배수구   ❹ 배수진

귀띔 — 다음 한자의 음은 무얼까?

背 등 ㅂ
믿음이나 의리를 저버린 사람을 **배신자(背信者)**라고 해.

水 물 ㅅ
여름 운동은 뭐니 뭐니 해도 **수영(水泳)**이지!

陣 진 칠 ㅈ
전투를 하기 전에 적의 **진영(陣營)**으로 사람을 보냈다.

 정답은 ❹ 배수진

배 수 진

[등 背]   [물 水]   [진 칠 陣]

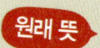 〉〉 물을 등 뒤에 두고 진을 치다.

 〉〉 물러설 곳이 없어, 어떤 일에 죽기를 각오하는 자세로 임하다.

등 뒤에 물이 있는데 앞에서는 적들이 조금씩 포위망을 좁혀 오는 군대의 모습. 굉장히 위협적으로 보이지요? 적에게 밀리기라도 하면 영락없이 물속으로 빠져 죽을 수밖에 없으니까 말이에요.
'배수진'이란 더 이상 물러날 곳이 없으므로, 죽기를 각오하고 싸워야 하는 전술이에요. 물론 도망갈 곳이 없어 자칫 아주 위험한 상황에 빠질 수도 있지요. 하지만 그렇기 때문에 **목숨을 걸고 맹렬히 싸우게 되어 승리를 기대할 수 있는 전법이랍니다.** 그야말로 마지막 승부를 가릴 때 쓰지요.

한신 장군의 최후 전법

옛날에 중국은 여러 나라로 나뉘어 있었어. 그래서 서로 수없이 전쟁을 치르곤 했지.
한나라와 조나라도 마찬가지였어.
한나라의 한신 장군이 조나라를 공격할 때의 이야기야.
한신은 조나라에 쳐들어가기가 정말 어렵다고 판단했어. 조나라는 사방이
산으로 둘러싸여 있어 가까이 가기 어려웠거든. 게다가 성으로 향하는
길도 너무 좁아서 겨우 마차 하나 지나갈 정도밖에 안 되었어.
이런 길로 쳐들어갔다가는 앞뒤로 적에게 갇히기
십상이었지.
"승리를 거두려면 그 수밖에 없겠군."
한신은 군사들을 이끌고

금만수라는 강으로 갔어. 그리고 넓은 강을 등 뒤에 둔 채 진을 치도록 했지.

"설마, 이곳에서 전투를 벌이시려는 건 아니겠지?"

"아니, 도망갈 곳도 없는 이곳에서 어떻게 싸우라는 거야?"

한신의 군사들은 술렁거렸어. 조나라의 장수들 역시 깜짝 놀랐지.

"멍청한 한신……."

조나라의 장수들을 코웃음을 쳤어. 그러고는 한신의 진으로 쳐들어갔지. 그런데 뜻밖에도 조나라가 패하고 말았어.

한나라가 승리한 건 한신의 작전 때문이었어. 등 뒤에 강을 둔 한나라 군사들이 죽기 살기로 싸운 거야.

"이러나저러나 죽는 건 마찬가지야."

이렇게 치열하게 싸우는 동안, 조나라의 성벽 가까이 숨어 있던 한나라 병사들이 성벽을 넘어가서 한나라의 깃발을 꽂았어.

배수진 전법이 멋진 승리를 가져온 거지!

만국기가 흩날리는 운동회 날, 친구들이 기마전을 하고 있네요. '배수진을 치다'라는 말과 관계없는 말을 한 사람은 누구일까요?

"뒤쪽은 강이다. 여기서 밀리면, 우리에겐 죽음밖에 없다."

한신은 배수진을 치고 전투를 치렀어요. 이런 무모한 도전 덕분에 조나라와 치른 전투에서 승리할 수 있었지요. 하지만 배수진은 함부로 사용할 작전은 아니에요. 어려운 상황에서 승리할 가능성이 있는 만큼, 위험도 크기 때문이지요.

"실패해도 좌절하지 말라."는 건 아주 훌륭한 생각이지만, 배수진과는 관계가 없는 말이랍니다.

정답: 발바리

퀴즈 25

'변방(≒시골)에 있는 노인의 말' 이라는 뜻으로, '벌어진 일의 결과가 좋고 나쁜 것은 미리 판단할 수 없다.'는 생각을 담은 **고사성어**는?

① 사오지마　② 세상정말　③ 새옹지마　④ 새왕지마

다음 한자의 음은 무얼까?

塞 변방 ㅅ
적의 공격을 막기 위해 **요새(要塞)**를 만들었어.

翁 어르신 ㅇ
'김형수 옹(翁)'이란 말은 김형수 할아버지라는 뜻이야.

之 갈 ㅈ
고생해서 만들었는데 **무용지물(無用之物)**이야.

馬 말 ㅁ
말이 끄는 수레를 **마차(馬車)**라고 해.

정답은 ❸ 새옹지마

새 옹 지 마

[변방 塞]   [어르신 翁]   [갈 之]   [말 馬]

원래 뜻 ≫ 변방(≒시골)에 있는 노인의 말

담긴 뜻 ≫ 벌어진 일의 결과가 좋고 나쁜 것은 미리 판단할 수 없다.

'새옹지마'는 '눈앞에 벌어진 일의 결과가 복이 될지, 화가 될지 예측할 수 없다'라는 뜻으로 어느 시골 노인이 겪은 삶의 교훈을 표현한 말이에요. 이 노인은 눈앞에 큰 행운이 다가와도 호들갑 떨지 않고, 뜻하지 않은 불행이 닥쳐도 크게 낙심하지 않았지요. 세상일은 다 돌고 도는 법이에요. 행운과 불행도 마찬가지지요. **복이 화로, 불행이 행운으로 언제 바뀔지는 아무도 모르는 거랍니다.**

복이 될까, 아니면 화가 될까

옛날 중국에 한 노인이 살았어. 노인은 말을 한 필 길렀어. 수말이었지.

그 당시에 말은 귀한 재산이었어. 그런데 어느 날 말이 온데간데없이 사라지고 말았어.

"어쩌지요? 그 비싼 말을 잃어서……"

이웃 사람들이 노인을 위로했어. 하지만 노인은 담담한 표정으로 말했어.

"할 수 없지, 어쩌겠소?"

몇 달 뒤, 집을 나갔던 말이 돌아왔어. 그런데 혼자가 아니었어.

암말과 망아지까지 거느리고 왔거든. 노인에게는 뜻하지 않게 큰 재산이 생겼지.

마을 사람은 모두 부러워했어. 그러나 노인은 덤덤하게 말했어.

"글쎄, 또 모르지. 어떤 일이 생길지……"

그런데 얼마 후, 사고가 났어. 노인의 아들이 암말을 타고 나갔다가 떨어져 다리가 부러진 거야. 그런데도 노인은 호들갑 피우지 않고 조용히 말했어.

"모르는 일이야. 이 사고가 오히려 복이 될지는……."

이듬해였어. 오랑캐들이 국경을 넘어 쳐들어왔어. 큰 전쟁이 벌어진 거야. 마을 젊은이들은 한 사람도 빠짐없이 전쟁터로 끌려 나갔어.

하지만 말에서 떨어져 다리를 다친 노인의 아들은 군대에 갈 수 없었어. 그래서 전쟁 통에 살아남은 유일한 젊은이가 되었지.

어때? 어떤 일이 앞으로 좋을지 나쁠지는 정말 모르겠지?

변방에 사는 할아버지의 말처럼 말이야.

새옹지마와 비슷한 뜻을 가진 다른 사자성어도 있어요.
다음 중 '화가 바뀌어 오히려 복으로 돌아온다.'는
뜻을 가진 사자성어는 무엇일까요?

일거양득

일석이조

전화위복

어부지리

'일거양득'은 한 가지 일을 하여 두 가지 이익을 얻는다는 뜻이고, '일석이조'는 동시에 두 가지 이익을 본다는 뜻이에요. '어부지리'는 조개와 새가 싸우는 바람에 어부만 운 좋게 이익을 챙겼다는 말이지요. 일거양득, 일석이조, 어부지리, 이 고사성어들은 좋은 일과 나쁜 일은 번갈아 생길 수 있으니 미리 예측할 수 없다는 뜻의 새옹지마와는 다른 의미입니다. 그런가 하면 **'전화위복(轉禍爲福)'이라는 말은 화가 바뀌어 복이 된다는 뜻**으로 새옹지마와 비슷한 고사성어랍니다.

정답: 전화위복

퀴즈 26

'**도끼를 갈아 바늘을 만든다.**'는 뜻으로 '아무리 어려운 일이라도 끈기 있게 노력하면 이룰 수 있다.'는 의미를 담은 **고사성어**는?

① 갈다지침　② 만부작침　③ 막부작침　④ 마부작침

귀띔 다음 한자의 음은 무얼까?

磨 갈 ㅁ	斧 도끼 ㅂ	作 만들 ㅈ	針 바늘 ㅊ
꾸준히 학문을 **연마(研磨)**하면 훌륭한 사람이 될 수 있어.	손도끼를 한자로 **수부(手斧)**라고 해.	뭉크의 〈절규〉야말로 **걸작(傑作)**이지.	팔이 삐어서 한의원에 가서 **침(針)**을 맞았어.

정답은 ❹ 마부작침

마 부 작 침

[갈 磨]   [도끼 斧]   [만들 作]   [바늘 針]

원래 뜻 ≫ 도끼를 갈아 바늘을 만든다.

담긴 뜻 ≫ 아무리 어려운 일이라도 끈기 있게 노력하면 이룰 수 있다.

도끼를 갈아서 바늘을 만든다?
도대체 도끼를 얼마나 오랫동안 갈아야 옷감을 뚫을 수 있는 바늘을 만들 수 있을까요? 하루 종일 갈아도 한 달? 어쩌면 1년을 갈아도 못 만들지 몰라요. 하지만 이 정도로 끈기와 노력을 기울인다면 세상에 불가능한 일은 없을 거예요. **꿈을 향해 '마부작침'의 자세를 가지는 건 어떨까요?**

포기를 포기한 사람

중국 당나라에 이백이라는 시인이 있었어. 이태백이라고도 불렸지. 그는 중국 역사에서 가장 유명한 시인이야.

젊은 시절에 이백은 학문을 익히려고, 조용한 산으로 들어가서 공부했어. 그런데 혼자 산에서 공부한다는 게 얼마나 따분한 일이었겠어?

'아이고, 지겨워. 그냥 집으로 가자.'

공부에 싫증 난 이백은 산에서 내려가기로 마음먹었어.

이백이 짐을 싸서 집으로 돌아가는 길이었지. 그런데 한 노인이 길가에 앉아 무언가 굉장히 열심히 하고 있는 거야.

'뭘 하는 거지?'

이백이 가만히 살펴보니 글쎄, 도끼를 바위에다 갈고 있는 게 아니겠어? 하도 이상해서 노인에게 물어 보았지.

"왜 도끼를 바위에 갈고 계시지요?"

"바늘을 만들려고 그러지."

"도끼를 갈아 바늘을 만든다고요? 그게 가능한가요?"

그러자 노인이 빙그레 웃으며 대답했어.

"마부작침이라네. 무슨 일이든 중간에 포기하지 않는다면 불가능한 일이란 없어. 언젠가 이 도끼는 바늘이 될 걸세."

노인의 말을 들은 이백은 깊이 감동했어. 그래서 그 길로 다시 산으로 올라가 공부했다고 전해지지.

이백이 시인으로 그토록 이름을 날린 건, 노인에게 받은 교훈으로 정말 열심히 공부한 덕분은 아닐까?

다음은 '마부작침'과 같이, 노력의 중요성을 강조한 서양 속담이에요. 잘 읽고 마음에 새겨 볼까요?

(1) No sweet without sweat.
(땀 없는 달콤함은 없다. = 노력 없이 결실을 맺을 수 없다.)

(2) No pains, no gains.
(고통이 없으면 얻는 것도 없다.)

(3) Practice makes perfect.
(꾸준한 훈련이 완벽을 만든다.)

(4) If there is no wind, row.
(바람이 없다면 노를 저어라.)

(5) He who would leap high must take a long run.
(높이 뛰려면 멀리 달려야 한다.)

(6) Keep trying. It's only from the valley that the mountain seems high.
(계속 노력하라. 산이 높아 보이는 것은 계곡에서뿐이다.)

동서양을 막론하고 사람들은 노력이 얼마나 중요한지 잘 알고 있었어요. 그래서 노력에 관한 속담이 많은 편이지요.

노력하는 과정이 쉽지만은 않아요. 땀이 나고 고통이 따를 수도 있어요(1, 2). 저절로 원하는 목표까지 갈 수 있으면 좋겠지만, 그렇지 않기 때문에 우리는 열심히 노력해야 해요(3, 4). 목표가 높을수록 더 성실히 노력하다 보면(5, 6), 언제나 이루게 될까 싶었던 내 목표에 어느새 다가가 있을 거랍니다.

퀴즈 27

'**큰 그릇을 만드는 데는 시간이 걸린다.**'는 뜻으로 '큰사람이 되기 위해서는 많은 노력과 시간이 필요하다.'는 의미를 담은 **고사성어**는?

① 대기만성 ② 대구먹성 ③ 되기만해 ④ 대기모성

다음 한자의 음은 무얼까?

大 큰 ㄷ
이 제품의 크기는 **대(大)**, 중, 소로 나뉩니다.

器 그릇 ㄱ
냄새 나는 음식은 밀폐 **용기(容器)**에 담아 놔.

晚 늦을 ㅁ
늦은 나이에 공부하는 사람을 **만학도(晩學徒)**라고 해.

成 이룰 ㅅ
실패는 **성공(成功)**의 어머니!

정답은 ❶ 대기만성

대 기 만 성

[큰 大]   [그릇 器]   [늦을 晚]   [이룰 成]

원래 뜻 >> 큰 그릇을 만드는 데는 시간이 걸린다.

담긴 뜻 >> 큰사람이 되기 위해서는 많은 노력과 시간이 필요하다.

커다란 그릇은 작은 그릇을 만들 때보다 재료도 많이 필요하고 시간과 정성도 더 들어가요. '대기만성'은 이를 사람에게 비유하여 쓰는 말이랍니다. 태어날 때부터 머리가 똑똑하거나 건강한 사람도 있지만, **조금씩 천천히 발전된 모습으로 향하는 사람을 '대기만성형 인간'이라고 하지요.**

큰 그릇은 시간이 필요해

중국 위나라에 최염이라는 장군이 있었어.
"풍채도 좋고, 인물도 정말 잘생겼어."
사람들은 최염을 두고 칭찬을 아끼지 않았어. 그런 최염에게는 최림이라는 사촌 동생이 있었지.
최림은 형과 달리 외모가 뛰어나진 않았지만, 작은 일도 열심히 노력하는 사람이었어. 하지만 그게 잘 드러나지 않았어. 그래서 사람들은 최림의 실력과 능력을 잘 몰랐어. 하지만 단 한 사람, 사촌

형인 최염은 동생의 능력을 알고 있었어.

"커다란 종이나, 큰 솥을 만들려면 아무래도 시간이 오래 걸리잖아? 마찬가지로 큰 인물이 되기까지는 오랜 시간이 필요해. 그래서 '대기만성'이라고 한단다. 너는 분명 대기만성 할 거야. 그러니 열심히 노력하고 공부하렴."

최림은 사촌 형의 따뜻한 말에 용기를 얻을 수 있었어. 그리고 몇 년 후, 최염의 말은 틀리지 않았다는 걸 증명해 보였지.

최림은 끊임없이 공부한 끝에 결국 높은 벼슬길에 오르게 되었어. 그리고 곧 황제를 가장 가까이에서 모시는 충직한 신하가 되었지.

최림처럼 시간이 걸리더라도 끊임없이 노력해서 크게 성공하는 것을 '대기만성'이라고 한단다.

친구들이 모여서 '대기만성형 인재'에 대해서 이야기를 나누고 있어요. 다음 중 적절하지 않은 말을 한 사람은 누구일까요?

- 발바리: 대기만성형 인재는 쉬지 않고 노력한다는 공통점이 있어.
- 척척이: 대기만성이란 말에는 지금 당장은 조금 부족하다는 의미도 들어 있어.
- 똑똑이: 어떤 사람은 자기 게으름을 대기만성이라고 핑계를 대면서 벗어나려는 경우도 있어.
- 엉뚱이: 대기만성형 인재는 다른 말로 재치가 번뜩이는 천재라고 할 수 있어.
- 심퉁이: 대기만성 하는 사람은 늦깎이라고 볼 수도 있어.

대기만성형의 사람들은 어려서부터 천재적인 소질을 가진 사람은 아니에요.
그보다는 지금 당장은 조금 부족하지만 참을성과 끈기, 집념을 가지고 노력하여 마침내 성공을 이루는 늦깎이라고 할 수 있어요. 어떤 사람은 이 말을 자신의 게으름을 감추려는 핑계로 사용하기도 하지만, 대기만성형 인재는 게으름을 멀리하고 끊임없이 노력하는 사람들이에요.

정답: 엉뚱이

퀴즈 28

'**닭의 무리 가운데 한 마리 학**'이라는 뜻으로
'많은 사람 가운데 가장 뛰어난 인물'이라는
의미를 가진 **고사성어**는?

① 군대계란　② 군계일학　③ 군기일학　④ 근계일학

다음 한자의 음은 무엇까?

群 무리 ㄱ	鷄 닭 ㄱ	一 하나 ㅇ	鶴 학 ㅎ
월드컵 때는 광장에 많은 **군중(群衆)**이 모였어.	**계란(鷄卵)** 찜은 달걀을 풀어 찐 음식이야.	이번엔 2등이지만 다음엔 꼭 **일등(一等)** 할래!	500원짜리 동전의 그림은 **학(鶴)**이야.

 정답은 ❷ 군계일학

군 계 일 학

[무리 群]　[닭 鷄]　[하나 一]　[학 鶴]

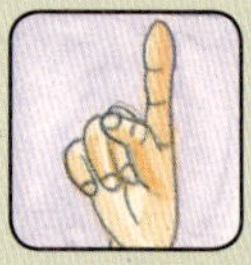

원래 뜻 >> 닭의 무리 가운데 한 마리 학

담긴 뜻 >> 많은 사람 가운데 가장 뛰어난 인물

예부터 학은 신선이 타고 다닌다고 전해지는 새로, 매우 귀하게 여겼답니다. 이러한 학이 닭의 무리에 끼어 있다면 당연히 돋보이겠지요?
사람들 사이에서도 가끔 눈부시게 돋보이는 사람이 있어요. 하지만 겉모습만 화려하다면 그 눈부심이 오래가지 않지요. 중요한 건 그 사람의 됨됨이가 얼마나 학처럼 고귀한가입니다.
여러분은 무엇을 닮고 싶은가요? 닭, 아니면 학?

닭의 무리에서 빛나는 한 마리 학

중국 위나라 말기에 부패한 정치 권력에 등을 돌리고 죽림에 모여 거문고와 술을 즐기며 세월을 보낸 일곱 선비가 있었어. 이들을 죽림칠현이라고 하는데, 이중에 혜강이라는 사람이 있었어.

혜강에게는 혜소라는 아들이 있었어. 혜소는 아버지 혜강을 닮아서 인물도 뛰어나고 매우 총명한 아이였지. 그런데 혜소의 나이 열 살 때, 아버지 혜강이 그만 죽고 말았어. 그래서 혜소는 홀어머니 밑에서 어렵게 자랐어. 게다가 아버지가 생전에 뒤집어쓴 누명 때문에 벼슬길에 나아갈 수도 없었지.

혜강의 친구이자, 역시 죽림칠현 가운데 한 사람이었던 산도는 혜소의 능력이 무척 아깝다고 생각했어. 그래서 황제를 찾아가 아뢰었지.

"아비의 죄가 아들에게, 반대로 아들의 죄가 아비에게 미쳐서는 안 됩니다."

황제는 갑작스러운 산도의 말에 의아해하면서 물었어.

"그런 말을 왜 하는 건가?"

"혜강에게 혜소라는 아들이 있습니다. 혜강은 비록 죄인으로 죽었지만, 혜소는 지혜와 학문이 대단히 뛰어나니, 분명 가까이 두시면 황제께 큰 힘이 될 것입니다."

"그래?"

"그에게 작은 벼슬을 주심이 어떨지요?"

황제는 흔쾌히 혜소에게 비서승이라는 꽤 높은 벼슬을 주었어.

산도 덕분에 벼슬을 받은 혜소가 당시 수도인 낙양에 들어올 때였어.

"저 사람이 혜소인가 보군. 참 늠름하기도 하지!"

"눈에서 총명한 기운이 느껴지는군 그래."

사람들은 혜소를 보고 칭찬을 아끼지 않았어.

"많은 사람 중에 단연 으뜸이야. 마치 닭의 무리 속에 있는 학과 같아."

그 후로 사람들은 많은 사람 가운데 가장 뛰어나 보이는 인물을 가리켜 '군계일학'이라고 했단다.

사전에서 두 글자로 된, **'군계일학'과 비슷한 뜻을 가진 낱말을 찾아보았어요.** 이 가운데 다음 두 이야기는 어떤 낱말에 대한 것인지 (　) 안에 알맞은 말을 써넣으세요.

여럿 가운데서 특별히 뛰어나다.

㉮ **발군** (뽑을拔, 무리群)　㉯ **백미** (흰白, 눈썹眉)　㉰ **절륜** (끊을絶, 인륜倫)　㉱ **압권** (누를壓, 책券)　㉲ **출중** (날出, 무리衆)

⑴ 중국 촉나라에 마량이라는 사람이 있었어. 마량은 오형제 중에서 맏이였는데, 이들 형제는 다들 지식이 뛰어나고 인물이 좋았지. 그중에서도 눈썹이 하얀 마량이 가장 뛰어났어. 어려운 일도 척척 해냈고, 왕의 신임을 얻어 높은 벼슬까지 지냈지. **그래서 중국 사람들은 마량을 가리켜 '흰 눈썹', 즉 (　)라고 불렀어. 이 말은 나중에 '가장 뛰어난 사람'이라는 뜻으로 쓰이게 되었어.**

⑵ 우리나라의 과거 제도(관리를 뽑는 시험)는 중국의 수나라에서 비롯된 거였어. 중국에서는 과거에 응시한 선비들이 모두 세 차례에 걸친 시험을 통과해야만 마침내 합격의 영광을 맛볼 수 있었어. 이렇게 해서 합격한 사람들의 답안지는 임금님께 올려 승낙을 받아야 했어. 이때, 채점관은 1등 답안지를 가장 위에 올려놓고 전체를 하나로 묶었지. 그러다 보니, **장원 급제 답안지가 나머지를 위에서 누르는 모양이 되었어. 그래서 (　)이란 '가장 우수한 내용'을 뜻하는 말이 되었지.**

정답: ⑴-㉯　⑵-㉱

정답은 ❹ 오비이락

오 비 이 락

[까마귀 烏]　[날 飛]　[배나무 梨]　[떨어질 落]

원래 뜻 ≫ 까마귀 날자 배 떨어진다.

담긴 뜻 ≫ 아무 관계 없는 일이 뜻하지 않게 동시에 일어나, 마치 상관있는 것처럼 억울한 의심을 받는다.

까마귀는 그냥 날아올랐는데 그 순간 배가 떨어졌어요. 그것을 본 사람들은 까마귀가 배를 떨어뜨렸다고 생각하겠죠? 까마귀 입장에선 무척 억울한 일이에요.
이렇게 **우연히 동시에 일어난 일 때문에 오해를 받는 경우**를 '오비이락'이라고 해요. 고사성어의 뜻은 재미있지만 현실에서 이와 같은 상황을 겪는다면 정말 억울하겠지요.

까마귀 나는 순간 떨어진 배

옛날에 어떤 스님이 산에서 참선을 하고 있는데, 노루 한 마리가 등에 화살을 꽂은 채 휙 지나갔어. 화살을 맞은 곳이 몹시 아픈지 휘청대면서 필사적으로 도망치는 게 보였지. 그러고는 곧 사냥꾼이 헐레벌떡 달려왔어.

"스님! 혹시 노루 한 마리를 보지 못하셨소?"

스님은 피 흘린 채 도망가던 노루를 떠올리며 고개를 저었어.

"그건 잘 모르겠지만, 내 얘기 하나 들어 보지 않겠소?"

"얘기요?"

"옛날에 까마귀 한 마리가 배를 쪼아 먹다가 무심코 날아가는데, 마침 배 하나가 우연히 밑으로 떨어졌어요. 오비이락이었지요."

"그래서요?"

"그런데 그 배가 하필 나무 아래에 있던 뱀의 머리에 떨어지는 바람에 뱀이 죽고 말았어요."
사냥꾼은 도대체 이 스님이 무슨 얘기를 하려는 건지 몰랐지만 가만히 들었어. 스님은 계속해서 말했어.
"죽은 뱀은 다음 세상에서 멧돼지로, 까마귀는 꿩으로 다시 태어났어요. 그런데 이번에는 멧돼지가 돌을 잘못 굴려 꿩을 죽게 하고 말았어요."
사냥꾼은 스님에게 물었어.
"그것도 역시 우연이었나요?"
"물론 그렇소. 하지만 마치 지난 생의 한을 복수한 것 같지 않소?"
스님이 이야기를 이어 나갔어.
"그다음 세상에서 멧돼지는 노루로, 죽은 꿩은 사냥꾼으로 다시 태어났다오. 그 사냥꾼은 사냥을 하다가 노루에게 화살을 쏘았지요."
"생이 바뀔 때마다 복수가 끊임없이 이어진 셈이군요."
사냥꾼은 스님이 무슨 말을 하려는지 잘 이해했어. 그 자리에서 자기가 가지고 있던 활을 부러뜨려 버렸지. 이야기 속의 복수를 끝내고 싶었던 걸까? 사냥꾼은 그 후로 다시는 사냥을 하지 않았대. 이 이야기에서 '오비이락'이라는 말이 나왔단다.

내가 하지도 않은 일 때문에 오해를 받는다면 정말 화가 나고 답답할 거예요. 그렇다면 오비이락에 대처할 수 있는 방법은 없을까요?

과전불납리(瓜田不納履) 오이밭에서는 신을 고쳐 신지 말며,

이하부정관(李下不整冠) 오얏나무(자두나무) 아래서 갓을 고쳐 쓰지 말라!

'오비이락'과 같은 억울한 상황을 미리 조심하려면 '과전불납리' 하고 '이하부정관' 해야 한답니다. 과전불납리(瓜田不納履)는 오이밭에서는 신발을 고쳐 신지 말고, 이하부정관(李下不整冠)은 오얏나무(자두나무) 아래서는 갓을 고쳐 쓰면 안 된다는 말로, 남의 오해나 의심받기 쉬운 일은 처음부터 아예 하지 말라고 경고하는 것이랍니다.

퀴즈 30

'**주머니 안에 있는 송곳**'이라는 뜻으로 '재주가 뛰어난 사람은 숨어 있어도 드러난다.'는 의미를 지닌 **고사성어**는?

❶ 나중지추   ❷ 너잘난척   ❸ 배낭지참   ❹ 낭중지추

다음 한자의 음은 무엇일까?

囊 주머니 ㄴ	中 가운데 ㅈ	之 갈 ㅈ	錐 송곳 ㅊ
물건을 넣어 등에 지는 가방을 **배낭(背囊)**이라고 해.	초등학교→ **중학교(中學校)** → 고등학교→ 대학교	비싸게 산 물건인데 **무용지물(無用之物)**이야.	바다에서 석유가 나오도록 **시추(試錐)** 작업을 했지.

정답은 ❹ 낭중지추

주머니 속 송곳처럼

옛날에 조나라가 진나라의 공격을 받을 때였어.

갑작스러운 진나라의 공격으로 다급해진 조나라 왕은, 자기 동생 평원군을 초나라로 보내서 도움을 청하기로 했지.

평원군은 신하 중에서 인품이 좋고 학식이 뛰어난 사람을 20명 뽑아 수행원으로 데려가려고 했어. 19명까지는 비교적 쉽게 결정했는데, 이상하게도 마지막 한 사람은 고르기 어려운 거야. 평원군이 고민에 빠져 있을 때였어.

모수라는 사람이 찾아와 말했지.

"나리, 저를 데려가시면 어떨까요? 도움이 되실 겁니다."

하지만 평원군은 모수를 잘 알지 못했어.

"그대가 내 곁에 온 지 얼마나 되었는가?"

"3년이 되었습니다."
"그래? 낭중지추라고 재주가 뛰어난 사람은 주머니 속에 있는 송곳처럼 눈에 드러나는 법이지. 그런데 나는 그대를 3년 동안 한 번도 본 일이 없네."
평원군은 점잖게 모수의 청을 거절했어. 하지만 모수는 물러서지 않았어.
"그건 나리께서 저를 한 번도 주머니에 넣지 않으셨기 때문입니다. 이번에 넣어 주시면 송곳 끝은 물론, 자루까지 드러내 보이겠습니다."
평원군은 모수의 말이 마음에 쏙 들었어. 그래서 모수를 20번째 수행원으로 뽑았지.
모수는 과연 어떻게 되었을까?
초나라에 가서 대활약을 하며 완벽하게 임무를 수행했대!

어린이들이 '낭중지추'를 주제로 일기를 썼어요. 전혀 관계없는 이야기를 쓴 사람은 누구인가요?

- 발바리 -
오늘 4반과 축구를 하였다. 영철이가 처음으로 우리와 함께 뛰었다. 축구를 잘 못 한다고 말하면서도, 혼자 세 골이나 넣었다. 나는 영철이의 실력을 진작 알고 있었다.

- 엉뚱이 -
은미가 전국미술대회에서 1등을 했다. 미술 시간만 되면, 무섭게 집중해서 그림 그리는 걸 보고 그런 실력을 가졌을 거라고 짐작하였다.

- 척척이 -
나는 피아노를 칠 때, 가장 행복하다. 장래 희망도 피아니스트이다. 나중에 피아니스트가 되면 예쁜 드레스를 입고 사람들 앞에서 연주를 할 거다.

- 똑똑이 -
은국이가 프로 바둑 기사가 되었다. 우리나라에서 제일 어린 기사라고 한다. 쉬는 시간에도 늘 조용히 바둑책만 보는 모습을 봤다. 나는 은국이가 꼭 바둑으로 성공할 거라고 생각했다.

진짜 실력을 갖춘 사람은 절대로 가볍게 자랑하거나, 표현하지 않아요. 자기가 직접 말하지 않아도, 언젠가 실력을 드러낼 기회가 오기 때문이지요. 그 사람에게 중요한 건 "어떻게 해야 다른 사람이 나를 알아줄까?"가 아니라, "어떻게 해야 내 실력이 더 좋아질까?"라서, 항상 겸손하게 자기 실력을 닦을 뿐이랍니다. 그래서 그 실력이 드러나게 되면 더 크게 보인답니다. 척척이는 자신의 실력을 키우기 위한 노력에 대해 쓰기보다는 자신의 장래 희망에 대해 썼답니다.

정답: 척척이

퀴즈 31

'한 번 보는 것이 백 번 듣는 것보다 좋다.'라는 뜻으로 '무엇이든지 자기가 직접 경험해야 확실히 안다.'는 의미를 지닌 **고사성어**는?

① 백만번이야기 ② 백명분의일기 ③ 백만부여인간 ④ 백문 불여일견

정답은 ❹ 백문 불여일견

백문불여일견

[일백 百] [들을 聞] [아니 不] [같을 如] [하나 一] [볼 見]

원래 뜻 ≫ 한 번 보는 것이 백 번 듣는 것보다 좋다.

담긴 뜻 ≫ 무엇이든지 자기가 직접 경험해야 확실히 안다.

"두리안은 정말 맛있는 과일이야." 어떤 사람이 동남아시아를 다녀와서 이렇게 말해요. 그런데 또 다른 사람은, "두리안은 세상에서 가장 이상한 맛이 나."라고 얘기해요. 도대체 두리안은 무슨 맛일까요?
누군가 아무리 두리안의 맛을 잘 설명한다고 해도 직접 맛보지 않으면 그 맛을 알기 어려워요. '백문불여일견'은 **지식으로 이해하는 것보다, 직접 눈으로 보고 몸으로 경험하는 게 중요하다는 말이랍니다.**

백 마디 말보다 한 번의 경험

"폐하, 북쪽 국경에 또 오랑캐가 쳐들어왔다고 합니다."
중국 전한의 황제는 깜짝 놀라, 늙은 장수 조충국을 불렀어.
"오랑캐들이 백성을 괴롭히는데 누가 나가서 이를 막으면 좋겠소?"
"폐하, 제가 직접 가겠습니다."
"그대가? 그건 안 되오. 그대의 나이는 이미 칠십이 넘었는데……."
황제는 조충국의 실력을 잘 알고 있었지만, 너무 나이가 많다고 생각했어. 하지만 조충국도 물러서지 않았어.
"물론 저는 젊은 장수처럼 몸이 날쌔지는 못합니다. 하지만 경험이 풍부합니다. 그래서 오랑캐에 대해서 저만큼 잘 알고 있는 장수도 드물 것입니다.

부디, 저를 보내 주십시오."
조충국의 충성심에 감동한 황제는 그에게 물었어.
"군대는 얼마면 되겠소? 작전은 어떻게 세워야 하겠소?"
그러자 조충국이 대답했어.
"백문불여일견입니다. 여기서 이런저런 작전을 아무리 짜 보아야 별 소용이 없을 것입니다. 직접 가서 보고 판단하는 것이 가장 좋습니다. 제가 가서 상황을 살펴보고 오겠습니다."
그리고 나서 조충국은 국경으로 달려가 오랑캐의 상태를 직접 살펴보았어. 그리고 자신이 파악한 적의 모습을 토대로 작전을 세웠지.
전쟁의 결과는 어떻게 되었을까?
조충국의 군대는 오랑캐들을 모두 물리치고 당당히 승리를 거두었어.

직접 눈으로 보고 몸으로 겪으면, 대상에 대해 **확실하게 이해할 수 있어요.** 다음 그림을 통해서 '백문불여일견'의 의미를 다시 새겨 볼까요?

 야구장에 가 본 적 있나요? 야구장 가는 것을 좋아하는 사람들은 한결같이 말해요. 야구장에 직접 가면, 짜릿한 열기가 온몸으로 느껴져서 승부의 세계에 확 빠져든다고요. 선생님이 아무리 농사가 얼마나 소중한 것인지 가치를 말씀하셔도 잘 느끼지 못했는데, 한 번의 농촌 체험으로 농부들의 어려움과 고마움을 깨달을 수 있지요. 이처럼 **'백문불여일견'은 현장에서 눈으로 확인하고, 몸으로 겪는 체험의 소중함을 강조하는 말이랍니다.**

퀴즈 32

'**기나라 사람의 근심**'이라는 뜻으로
'쓸데없는 걱정, 혹은 안 해도 될 근심'이라는 의미를 지닌 **고사성어**는?

❶ 경우   ❷ 관우   ❸ 기우   ❹ 개운

귀띔 다음 한자의 음은 무엇까?

杞 나라 이름 ㄱ
옛날 중국에는 **기(杞)**나라가 있었어.

憂 근심 ㅇ
너는 정말 잘할 수 있으니, 그런 **우려(憂慮)**는 하지 마.

정답은 ❸ 기우

기 우

[나라 이름 杞]   [근심 憂]

원래 뜻 ≫ 기나라 사람의 근심

담긴 뜻 ≫ 쓸데없는 걱정, 혹은 안 해도 될 근심

'하늘이 무너지면 어떡하지?'
'땅이 갑자기 푹 꺼지면 어떡하지?'
이처럼 정말 쓸데없는 걱정을 가리켜 '기우'라고 해요. 일어나지도 않은 일을 걱정하기보다 **긍정적으로 도전하며 최선을 다하라는 교훈이** 담겨 있답니다.

걱정쟁이의 걱정

옛날 기나라에 걱정이 많은 사람이 살았어.

사람들은 그를 '걱정쟁이'라고 불렀어. 쓸데없는 걱정을 하도 많이 했거든.

'갑자기 저 하늘이 무너지면 어쩌지?'

'길을 걸어가는데 갑자기 땅이 푹 가라앉으면 어떡해?'

걱정쟁이는 이런 쓸데없는 걱정 때문에 잠도 잘 못 자고, 음식도 제대로 먹지 못했어. 심지어 집 밖으로 나오지도 않았지. 그야말로 '걱정이 팔자'인 사람이었어.

어느 날, 그를 몹시 안타깝게 여긴 친구가 말했어.

"여보게, 우리가 바라보는 저 하늘은 공기로 가득 차 있네."

걱정쟁이는 친구를 물끄러미 바라보며 물었어.

"그래서?"

"저 하늘에 공기가 들어차지 않은 부분은 없네. 그러니까 새들도 마음껏 하늘을 날아다닐 수 있는 거야. 그러니 하늘이 무너진다는 것은 절대로 있을 수 없는 일이야."

걱정쟁이는 친구의 말이 그럴듯하다고 생각했어. 하지만 그렇다고 걱정이 완전히 사라진 건 아니야. 걱정쟁이가 친구에게 다시 물었지.

"하지만 땅은 푹 꺼질 수도 있지 않겠나?"

"이보게, 땅 역시 흙더미로 덮여 있어. 흙이 없는 곳은 없다는 말이지. 아무리 열심히 앞으로 나아가도 우리는 늘 땅 위에 있잖아? 그러니 땅이 무너질 염려는 없네."

친구의 말을 듣고 나서야 근심이 조금 가라앉았어.

사람들은 이런 기나라 사람을 보고, 쓸데없는 걱정을 한다는 말을 할 때 '기우'라고 했대.

'정말 쓸데없는 걱정'을 하는 사람은 곁에 있는 사람을 힘들게 할 수 있어요. 다음 그림을 통해서 '기우'의 의미를 다시 새겨 볼까요?

아직 해가 쨍쨍한데 우산을 가져오지 않은 걸 걱정하는 사람, 천장에서 전등이 떨어질까 봐 걱정되어 잠 못 이루는 사람, 길을 가는데 혹시 자동차가 달려들까 두려워 밖에 나가기가 무서운 사람……. 여러분의 주위에도 이런 걱정을 하는 사람이 있나요? 이런 사고는 실제로 일어날 수도 있어요. 아주 드물게 그런 일이 일어나지요. **발생할 가능성이 희박한 일을 걱정하느라 생활에 지장을 받는다면, 그건 정말 지나친 일이겠지요? 바로 이런 걸 '기우'라고 한답니다.**

퀴즈 33

'같은 병을 앓고 있는 사람끼리 서로 불쌍히 여긴다.'는 뜻으로 '어려운 처지에 있는 사람끼리 안타까워하며 돕는다.'는 의미를 지닌 고사성어는?

❶ 동병상련 ❷ 등변상련 ❸ 동별상련 ❹ 병난사람

귀띔 다음 한자의 음은 무엇까?

同 한가지 ㄷ	病 병들 ㅂ	相 서로 ㅅ	憐 불쌍히 여길 ㄹ
약속이라도 한 것처럼 **동시(同時)**에 왔다.	감기 기운이 있어서 **병원(病院)**에 갔어.	**상대방(相對方)**의 마음을 아프게 하지 마.	주인을 잃어버린 개라니! 정말 **가련(可憐)**해.

정답은 ❶ 동병상련

동 병 상 련

[한가지 同]   [병들 病]   [서로 相]   [불쌍히 여길 憐]

원래 뜻 ≫ 같은 병을 앓고 있는 사람끼리 서로 불쌍히 여긴다.

담긴 뜻 ≫ 어려운 처지에 있는 사람끼리 안타까워하며 돕는다.

친구가 고민에 빠졌을 때, 친구의 어려움을 머리로 이해하는 것과 가슴으로 이해하는 것은 아주 달라요. 가슴으로 이해한다는 건, 친구의 아픈 마음까지도 헤아린다는 거예요. 그런데 사실 자기가 직접 겪어 보지 않으면 상대방의 어려움을 완전히 이해하기는 어렵지요.

'동병상련'이란 힘든 사람이 힘든 사람을 돕고, 같은 근심을 가진 사람들끼리 더 잘 이해할 수 있다는 말이랍니다.

우리는 같은 처지니까

중국 춘추 시대, 초나라와 오나라가 있었어. 두 나라는 서로 사이가 좋지 않아서 전쟁이 빈번히 일어났지.

초나라에는 오자서라는 사람이 살았어. 그는 누구보다도 초나라를 위해서 몸 바쳐 일했지. 그런데 어처구니없는 일이 벌어졌어. 오자서의 아버지와 형이 억울하게 누명을 쓰고 죽임을 당한 거야.

'어떻게 이럴 수가 있어? 여태껏 나라를 위해 그토록 열심히 일했건만! 반드시 이 나라에 복수를 하고 말 거야.'

오자서는 초나라를 떠나 오나라로 갔어. 그리고 오나라를 위해 열심히 싸웠지. 오나라에 큰 공을 세우기도 했어.

그러던 어느 날, 오나라의 왕이 큰 잔치를 벌였어. 그 자리에서 오자서는 백비를 처음 만났어. 백비 역시 초나라에서 오나라로 망명한 사람이었어.

둘은 이야기를 나누다가 서로 처지가 비슷하다는 것을 알았어. 백비도 억울하게 할아버지를 잃고 화가 나서 오나라로 왔던 거야.

오자서는 백비와 금방 친한 사이가 되었어.

"내가 자네보다 먼저 이곳에 왔으니, 나만 믿고 따라오게."

오자서는 정성을 다해 백비를 도와주었어. 친한 사람이 오자서에게 백비를 너무 믿지 말라고 충고해도 듣지 않았어.

"어허! 같은 병을 앓는 사람끼리 서로 불쌍히 여기는 법이네. 내가 아니면 누가 백비의 처지를 이해하고 도와주겠나?"

오자서는 자기와 비슷한 처지의 백비를 몹시 동정했던 거야.

하지만 그러면 뭘 해? 오자서가 그토록 도와주었던 백비는 결국 오자서를 모함해 죽게 하고 오나라를 멸망의 길로 이끌었는걸.

오자서가 비슷한 처지의 백비를 안타깝게 여기며 도와주었던 걸 '동병상련'이라고 한단다.

다음 여러 가지 상황의 대화를 읽어보세요.
이 중에서 '동병상련'이라는 말을 적절하게 사용하지 않은 사람은 누구일까요?

발바리 : 심퉁아, 난 왜 이렇게 살이 안 빠질까? 밥도 별로 많이 안 먹는데……. 날마다 운동도 열심히 한다고. 클 때는 괜찮다고 하지만, 나는 조금 고민이 돼.

심퉁이 : 너도 나랑 같은 고민이구나. 나는 치킨 먹으면 살이 많이 찐다고 해서 요즈음은 치킨 끊었는데도 살이 안 빠져. 우리 동병상련이니까 오랜만에 튀김이나 먹으러 갈까?

호통이 : 아빠, 유나가 자전거를 타다 넘어져서 다리가 부러졌대요. 목발 짚고 학교에 와서 내가 온종일 도와주었어요. 동병상련인가 봐요. 작년에 스키 타다 넘어져 다리 부러졌던 게 생각났어요.

아빠 : 그래, 잘했다. 친구가 어려운 일을 겪을 때 잘 도와주어야 진정한 친구라고 할 수 있는 거야.

엉뚱이 : 엄마, 오늘 똑똑이가 성적이 떨어졌다고 속상해했어요. 나도 성적이 떨어졌잖아요. 그래서 동병상련의 심정으로 위로해 주었지요.

엄마 : 똑똑이는 늘 전교 1, 2등을 다투는 아이잖아. 그런데 꼴등인 네가 비슷한 처지라서 위로를 해 주었다고?

"여우가 죽으니, 토끼가 슬퍼한다."라는 속담이 있어요. "과부 사정은 홀아비가 안다."라는 속담도 있지요. **비슷한 처지의 사람끼리 서로 잘 이해할 수 있다는 거예요.** '동병상련'은 바로 이런 뜻을 가진 고사성어예요. 너무 뚱뚱한 게 고민인 두 사람은 동병상련일 수 있어요. 하지만 엉뚱이는 똑똑이와 상황이 너무 달라서 이런 표현을 쓰는 게 조금 어색하게 들려요. 고사성어를 사용해서 말을 할 때는 주어진 상황에 그 말이 어울리는지, 그렇지 않은지를 잘 판단해야 해요.

정답: 엉뚱이

퀴즈 34

'**닭의 갈빗대**'라는 뜻으로 '크게 쓸모는 없지만, 버리기는 아깝다.'라는 의미를 지닌 **고사성어**는?

❶ 고름 ❷ 기린 ❸ 계략 ❹ 계륵

다음 한자의 음은 무얼까?

鷄 닭 ㄱ
여름에는 몸을 보하려고 **삼계탕(蔘鷄湯)**을 먹지.

肋 갈빗대 ㄹ(ㄴ)
내 친구가 교통사고로 **늑골(肋骨)**이 골절되었다는군.

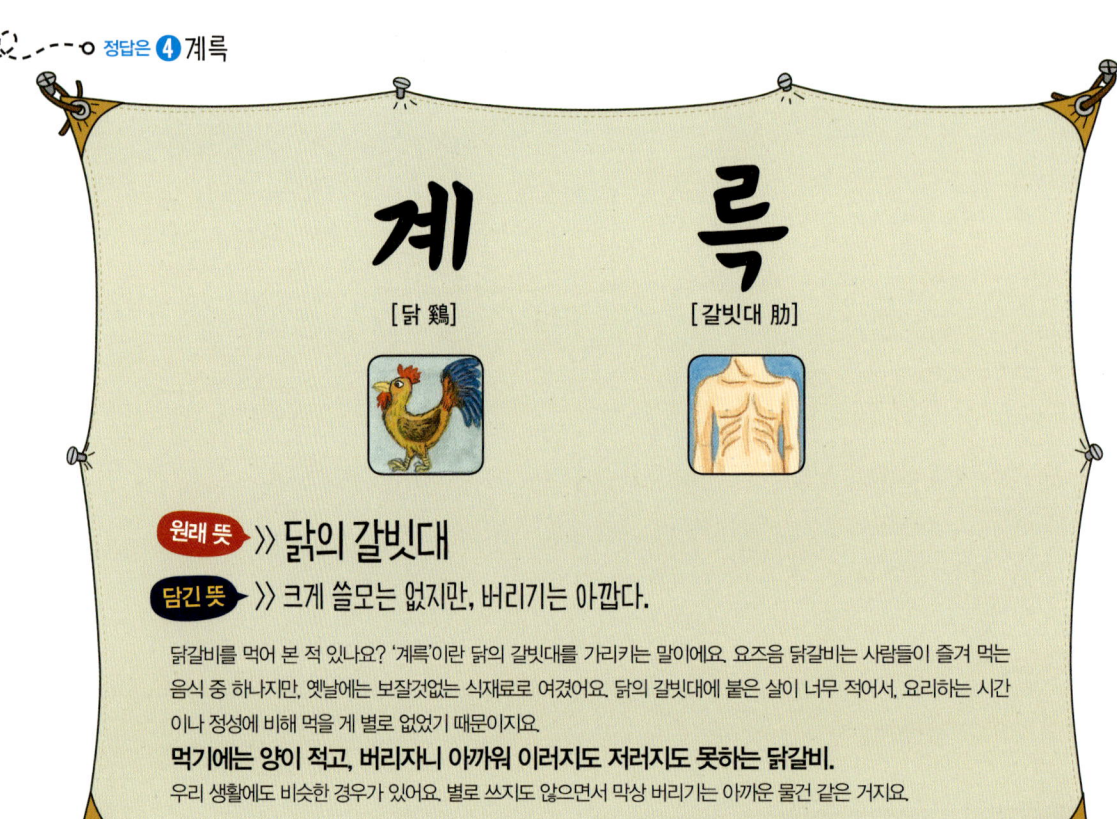

먹을 건 없고, 버리기는 아깝고

조조와 유비는 중국의 삼국 시대를 이끌던 유명한 장수들이야. 두 사람은 '한중'이라는 지역을 차지하려고 서로 맹렬하게 싸움을 벌였지. 이 싸움은 몇 달 동안이나 이어졌는데, 날이 갈수록 조조의 군대가 어려운 상황에 놓이고 말았어.

어느 날, 조조가 식사를 하고 있는데 그의 부하가 찾아왔어.

"우리가 어떻게 해야 하겠습니까?"

"……"

조조는 장수의 질문에 아무 대답도 하지 않았어. 그저 가만히 밥상에 있던 닭갈비를 들었다가 놓았다만 반복했지.

장수는 아무 대답도 듣지 못하고 밖으로 나왔어. 기다리고 있던 양수라는 사람이 장수에게 물었어.

"뭐라고 하시던가요?"

"별말씀 없이 닭갈비만 들었다 놓았다 하시더이다. 답답해서 그러시는 건지……."

그러자 양수가 말했어.

"그래요? 그러면 철수를 준비하면 되겠군요."

"왜 그렇지요?"

"닭의 갈비, 즉 계륵은 먹을 건 없고, 버리기는 아까운 것을 말하지요. 지금 이곳 한중이 꼭 그래요. 버리기는 아깝지만 먹을 것도 별로 없으니 철수하자는 뜻일 거요."

장수는 양수의 말이 그럴듯하다고 생각했어.

그런데 정말이었어. 며칠 뒤, 조조는 부하들에게 철수 명령을 내렸지!

고사성어 중에서 **두 글자로 된 것을** 모아 놓았어요.
( ) 안에 어울리는 말을 넣어서
문장을 완성하여 보세요.

모순, 단장, 사족, 기우, 계륵

(1) "어머니는 고생만 하다가 돌아가신 할머니를 생각하면 ( )의 슬픔이 느껴진다고 말씀하셨어."

(2) "아까부터 많이 아프다면서 저렇게 깔깔대다니 ( )이라는 생각이 들지 않아?"

(3) "아무리 아까워도 ( ) 같은 물건이라고 생각하면 과감히 버리는 게 좋아."

(4) "내가 안 해도 될 말을 괜히 ( )처럼 덧붙여서 엄마가 기분이 나빠진 모양이야."

(5) "그 사람이 약속을 지키지 않을까 봐 걱정하는 것은 정말 ( )에 지나지 않아."

'**단장**'은 창자가 끊어질 것 같은 아픔이에요. 부모나 자식의 죽음처럼 고통스러운 슬픔의 상황에서 사용하지요. 아프다고 엄살을 부리면서도 깔깔거리며 노는 모습은 앞뒤가 맞지 않으니 '**모순**'이지요. '**계륵**'은 버리자니 아깝고, 갖고 있자니 귀찮은 물건이에요. 하지만 그런 물건은 과감히 버리는 게 더 좋을 수도 있어요.
'사족'과 '기우'는 쓸데없는 것을 뜻한다는 점에서는 같아요. 그런데 '**사족**'은 쓸데없는 일을 덧붙여 일을 그르치는 경우에 사용하고, '**기우**'는 정말 쓸데없는 걱정을 하는 사람을 비꼴 때 쓴답니다.

정답: (1) 단장 (2) 모순 (3) 계륵 (4) 사족 (5) 기우

퀴즈 35

'지나친 것은 모자란 것과 마찬가지다.'라는 뜻을 지닌 고사성어는?

❶ 고유복근 ❷ 과연성공 ❸ 가요보급 ❹ 과유불급

다음 한자의 음은 무얼까?

過 지나칠 ㄱ	猶 오히려 ㅇ	不 아니 ㅂ	及 미칠 ㄱ
민수는 왜 그리 과격(過激)하게 행동할까?	날짜나 시간을 늦추는 걸 유예(猶豫)라고 해.	어른과 승부를 겨루는 건 누가 봐도 불리(不利)해.	조선 시대에는 과거에 급제(及第)해야 벼슬을 했어.

정답은 ❹ 과유불급

원래 뜻 ≫ 지나친 것은 모자란 것과 마찬가지다.
담긴 뜻 ≫ 정도가 지나친 것은 부족한 것보다 못할 수 있으니 중용이 중요하다.

비타민 A는 암을 예방하고, 눈 건강에도 도움을 주는 중요한 영양소예요. 하지만 좋다고 너무 많이 섭취하면 몸이 붓거나 밥 먹기가 싫어지는 등의 부작용이 생기지요. **무엇이든 지나치면 말썽이 생겨요.** 우리 사회에는 많은 걸 가지고도 지나치게 욕심을 부리다가, 순식간에 모든 재산과 명예를 잃어버리는 어리석은 사람들이 종종 있습니다. 과유불급, 지나친 것은 부족한 것과 같아요. 어느 쪽으로든 치우침 없이 적당한 게 가장 좋답니다.

지나친 것이 나을까? 모자란 것이 나을까?

공자는 중국의 역사에서 가장 위대한 사상가야. 그래서 많은 제자들이 그를 따랐지. 그중에 자장과 자하라는 제자가 있었어.

자장과 자하는 공자의 가르침을 익히며 열심히 공부했어. 하지만 두 사람은 살아가는 방법과 생각하는 것이 달랐어.

자장은 모든 일에 적극적이고, 자신감도 넘쳤어. 하지만 겉치레가 심하고 남 앞에서 자기를 내세우길 좋아했지. 수양을 위해 공부하는 게 아니라, 자기를 뽐내려고 공부한다는 생각이 들게 했어. 공자는 자장의 그런 모습이 아쉬워, 늘 허영심을 줄이라고 충고했지.

자하는 자장과 달랐어. 무척 열심히 공부했지만, 자기를 과시하려 들지 않았지. 하지만 학문을 대하는 자세에는 아쉬움이 있었어. 그저 지식 쌓기에만 몰두하는 편이었거든. 공자는 자하의 그런 태도는 올바른 학자의 자세가 아니라고 생각했어. 학문을 하는 이유는 수양을 쌓고, 그걸 생활에서 실천하며 감동을 줄 수 있어야 하는데 자하에게는 그런 점이 부족했던 거지.

어느 날, 한 제자가 공자에게 물었어.

"스승님, 자장과 자하 중에서 누가 더 현명한 사람인가요?"

"자장은 매사에 지나친 면이 있고, 자하는 조금 부족한 면이 있다."

그러자 제자가 되물었어.

"그렇다면 자장이 조금 더 낫다는 말씀인가요?"

공자는 조용히 제자를 바라보더니 말했어.

"과유불급, 지나친 것은 모자란 것과 마찬가지니라."

지나친 것도, 모자란 것도 모두 좋은 게 아니라고 한 거야. 어느 한쪽으로 치우치는 것은 옳지 않다는 뜻이지.

그 제자는 공자의 가르침을 오래도록 가슴에 담았대.

'과유불급'은 모자란 것도, 너무 넘치는 것도 좋지 않다는 뜻이에요. 이것과 반대의 뜻을 가진 고사성어는 무엇일까요?

조삼모사

다다익선

일거양득

대기만성

다다익선은 '많으면 많을수록 좋다.'는 뜻이에요. 과유불급의 측면에서 보면 한쪽으로 치우친 형태를 좋다고 하는 것과 같지요. 주머니에 돈이 많은 사람을 보고, 다다익선은 돈이 많으면 많을수록 좋다고 하지만, 과유불급은 너무 많은 것은 좋지 않다고 보는 거예요. 서로 반대되는 생각이지만, 주어진 상황에 맞게 사용하면 상대방을 설득하는 힘이 더 강해진답니다.

정답: 다다익선

퀴즈 36

'누구를 형이라 하기 **어렵고**, 누구를 동생이라 하기 **어렵다.**'는 뜻으로 '누가 더 나은지 가릴 수 없을 만큼 서로 비슷하다.'는 의미를 지닌 **고사성어**는?

① 난형난제 ② 너형나짱 ③ 넌형넌제 ④ 넌형난제

 다음 한자의 음은 무얼까?

難 어려울 ㄴ	兄 형 ㅎ	難 어려울 ㄴ	弟 아우 ㅈ
약속 시간에 늦었으니, 이것 참 **난처(難處)**하네.	난, 누나는 없지만 든든한 **형(兄)**이 있어.	고치기 어려운 병을 **난치병(難治病)**이라고 해.	우리 **형제(兄弟)**는 아빠를 닮았어.

정답은 ❶ 난형난제

난 형 난 제

[어려울 難]　[형 兄]　[어려울 難]　[아우 弟]

원래 뜻 〉〉 누구를 형이라 하기 어렵고, 누구를 동생이라 하기 어렵다.
담긴 뜻 〉〉 누가 더 나은지 가릴 수 없을 만큼 서로 비슷하다.

여기서 형제라는 건 실제로 형과 동생을 의미하지 않아요. 또 나이가 많고 적음을 뜻하는 것도 아니에요. 더 나은 사람을 형, 그보다 못한 사람을 아우라고 여기는 거예요. 누구를 형이라고 하고 누구를 아우라고 하기 어렵다는 것은 **도저히 우열을 가리기 어려운, 비슷한 실력을 가졌다는 뜻**이랍니다.

형과 동생, 누가 더 나을까?

"우리 아버지가 최고야!"
"아냐! 우리 아버지가 최고야!"
옛날 중국 동한 시절, 사촌 사이인 장문과 충은 오늘도 말싸움을 벌이고 있어.
"아유, 쟤들 아빠들은 어차피 친형제인데, 누가 잘났는지 따져서 뭐 한담?"
"그러게요. 쟤들은 만날 저걸로 옥신각신하네요."
장문의 아버지는 진기, 충의 아버지는 진심으로, 두 사람은 학문이 깊고 식견이 높아서 사람들의 존경을 받는 형제였어. 그들의 아들인 장문과 충은 사람들이 자기들의 아버지를 존경한다는 걸 아주 잘 알고 있었지. 자신들의 아버지가 자랑스러운 두 아이는 종종 그걸로 말싸움을 벌였던 거야.
어느 날 두 사촌이 놀다가 또 말다툼이 벌어졌어.

"그러면, 누가 더 훌륭한지 할아버지에게 여쭈어 볼까?"

"그래, 좋아."

두 아이는 냉큼 할아버지에게 달려갔어. 둘의 할아버지는 '진식'이라는 사람으로, 진식 역시 성품이 너그럽고 공부하기를 좋아해서 주변 사람들로부터 많은 존경을 받았어.

"할아버지, 우리 아버지가 최고죠?"

"아니죠? 우리 아버지가 동생인데도 무엇 하나 뒤지지 않으니까 더 훌륭한 거죠?"

진식은 그런 손자들의 모습이 귀엽고 사랑스러웠어. 진식은 잠시 생각에 잠겼다가 웃으면서 대답했어.

"난형난제란다. 둘 다 훌륭해서 형이 낫다고도, 동생이 낫다고도 말할 수가 없구나."

그때부터 사람들은 비슷한 실력을 가진 두 사람을 일러, '난형난제'라는 말을 쓰게 되었단다.

'형(兄)', '제(弟)'가 들어가는 한자에는 '호형호제(呼兄呼弟)'라는 말도 있어요. '난형난제'와 '호형호제'는 각각 어떤 상황과 어울리는지 구분해 보세요.

❶ 呼兄呼弟
부를호 형형 부를호 아우제
서로 형이니 아우니 하고 부르는 매우 가까운 사이.

❷ 難兄難弟
어려울난 형형 어려울난 아우제
누구를 형이라 하고, 누구를 아우라 하기 어려울 만큼 비슷비슷하다.

가

나

친구들끼리 모이면 서로 "내가 형이야.", "네가 동생이야." 하고 실랑이를 벌이는 경우가 있어요. 그렇게 장난치며 노는 친근한 사이를 '호형호제(呼兄呼弟)'라고 해요. 친하게 장난치는 두 번째 상황이 호형호제의 상황이에요. 비슷한 키를 가지고 내가 크니, 네가 크니 아웅다웅하는 건, 누가 더 나은지 알 수가 없다는 '난형난제'에 해당하는 상황이랍니다.

정답: ❶-나 ❷-가

퀴즈 37

'달콤한 말과 이로운 이야기'라는 뜻으로 **'상대방을 속이려고 하는 그럴듯한 말과 행동'**이라는 의미를 지닌 **고사성어**는?

① 고양이상 ② 감미로운 ③ 감언이설 ④ 강연연설

귀띔 다음 한자의 음은 무엇일까?

甘 달 ㄱ	言 말씀 ㅇ	利 이로울 ㅇ(ㄹ)	說 말씀 ㅅ
약방의 **감초(甘草)**라고 들어 봤어?	'아는 것이 힘이다'라는 **명언(名言)**이 나는 좋아.	발을 다쳐서 달리기 시합은 **불리(不利)**해.	요즈음 **소설(小說)**책 읽는 재미에 푹 빠졌어.

정답은 ❸ 감언이설

원래 뜻 » 달콤한 말과 이로운 이야기

담긴 뜻 » 상대방을 속이려고 하는 그럴듯한 말과 행동

사람은 누구나 자기에게 쓴소리하는 걸 좋아하지 않아요. 부모님의 걱정 섞인 충고도 잔소리같이 들리는 법이지요.
어떤 사람들은 사람들의 이러한 점을 잘 이용해요. 듣기 좋은 말이나 아무 대책 없는 약속을 남발해서 자기가 원하는 바를 이루려고 하지요. 이런 사람은 좋지 않은 의도를 가진 경우가 많으니 조심해야 한답니다.

토끼를 속인 자라

바다 세상을 다스리는 용왕이 병에 걸렸어. 아무리 유명한 의원들이 고쳐 보려고 애를 써도, 온갖 좋은 음식들을 먹어 봐도 용왕의 병은 나아지지 않고 점점 심해질 뿐이었어. 신하들이 모여 회의를 했어.
"이제 다른 방법이 없어요. 토끼의 간을 구해 올 수밖에."
"그렇지만 누가, 어떻게 그걸 구해 온단 말이오?"
그때 한구석에 앉아 있던 자라가 나섰어.
"제가 해 보겠습니다."
자라는 용왕을 살리기 위해서 육지로 떠났어. 그리고 고생 끝에 토끼를 만났지.
자라는 달콤한 말로 토끼를 구워삶기 시작했어.
"우리가 사는 곳은 여기와 비교도 안 될 정도로 아름다워. 독수리 같은 무서운 동물도 없고,

춥지도 덥지도 않아 살기가 좋지. 먹을 것도 많고 물도 얼마나 깨끗한지 몰라. 네가 가면, 평생 아무 걱정 없이 편안히 살 수 있을 거야."

토끼는 자라의 달콤한 말에 속아 용궁으로 길을 떠났어. 하지만 그곳에 도착하고 나서야 자기가 얼마나 어리석었는지 깨달았지.

모두들 토끼의 간을 빼내려고 안달이 나 있었거든.

'아이고, 그저 다 좋다는 말에 덜컥 따라나선 내가 잘못했구나!'

토끼는 무조건 자라의 말을 믿어 버린 게 너무 후회스러웠어. 하지만 꾀 많은 토끼는 "간을 육지에 두고 왔다."고 둘러댄 후, 무사히 육지로 돌아왔어. 토끼 역시, 감언이설로 바다 동물들을 속인 거지.

그 후 토끼는 절대 다른 동물들의 감언이설에 넘어가지 않았대.

다음은 말조심에 대한 속담을 모아 놓은 거예요.
빈 곳에 알맞은 말을 보기에서 골라 채우세요.

> 보기 : 가루, 도끼, 애, 쌀, 쓸, 막말

1. 말이 많으면 (   ) 말이 적다.

2. '에' 해 다르고, (   ) 해 다르다.

3. (   )은 쏟고 주워도, 말은 하고 못 줍는다.

4. 혀 아래 (   ) 들었다.

5. 관에 들어가도 (   )은 하지 마라.

6. (   )는 칠수록 고와지고, 말은 할수록 거칠어진다.

(1) 하지 않아도 될 말을 이것저것 많이 늘어놓다 보면, **쓸** 만한 말은 적어지죠.
(2) '에'와 '**애**'는 발음은 비슷하지만 전혀 다른 말이니, 기왕이면 듣기 좋게 말하는 것이 좋겠지요.
(3) **쌀**을 쏟으면 쓸어서 주워 담을 수 있지만, 이미 입 밖에 나온 말은 다시 주워 담을 수 없으니, 말은 줄이고 조심해서 사용해야 해요.
(4) 말은 한마디만으로도 **도끼**처럼 상대방의 가슴을 아프게 할 수도 있으니 가려서 해야 해요.
(5) 관에 들어간다는 건 죽는다는 뜻이에요. 설사 죽음을 앞두고 있더라도 **막말**을 하여 돌이킬 수 없는 실수를 하지 말라는 의미입니다.
(6) **가루**를 치는 것과 달리, 말은 할수록 거칠어지기 쉬우니 삼가는 것이 좋겠지요.

정답: 1. 쓸 2. 애 3. 쌀 4. 도끼 5. 막말 6. 가루

퀴즈 38

'아홉 번 죽을 뻔하다, 한 번 살아나다.' 라는 뜻으로 '여러 차례 죽을 고비를 겪고 간신히 목숨을 건지다.'라는 의미를 지닌 **고사성어**는?

① 고생일세　② 구생일사　③ 귀신일세　④ 구사일생

귀띔 다음 한자의 음은 무얼까?

九 아홉 ㄱ	死 죽을 ㅅ	一 하나 ㅇ	生 날 ㅅ
구미호(九尾狐)는 꼬리가 아홉 개 달렸어.	교통사고로 사망(死亡)하는 사람이 늘고 있어.	2등이 있어야 일등(一等)도 있지.	사람의 생명(生命)보다 소중한 것은 없어.

정답은 ❹ 구사일생

구 사 일 생

[아홉 九] [죽을 死] [하나 一] [날 生]

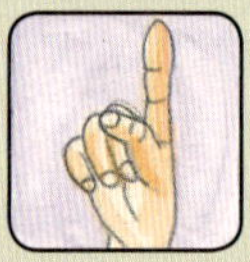

원래 뜻 》 아홉 번 죽을 뻔하다, 한 번 살아나다.
담긴 뜻 》 여러 차례 죽을 고비를 겪고 간신히 목숨을 건지다.

살다 보면 누구나 위험한 순간을 겪을 수 있어요. 교통사고가 크게 난다거나, 갑작스러운 파도에 쓸려 간다거나 하는 상황을 맞닥뜨릴 수 있어요. 하지만 그런 상황에서도 정말 운이 좋아 무사한 경우가 있습니다. 이럴 때 '구사일생'이라는 말을 써요. 구사일생은 아홉 번 죽을 뻔하다, 한 번 살아난다는 뜻이에요. **엄청나게 힘든 죽음의 고비에서 극적으로 살아나는 경우를 가리킨답니다.**

비록 아홉 번을 죽더라도

중국 전국 시대 초나라에 굴원이라는 시인이 있었어.
그는 글솜씨가 아주 뛰어난 사람이었지. 똑똑한 데다가 지식도 풍부하고, 왕의 먼 친척이라 높은 벼슬자리에 올라 정치가로도 꽤 이름을 날렸어.
하지만 왕의 간사한 신하들은 굴원을 아주 싫어했어.
"치, 혼자만 잘났나?"
"잘나긴 뭐가 잘나? 왕의 친척인 덕분에 출세한 거지."
"말은 그럴듯해도 백성을 위해 한 게 뭐가 있어?"
굴원은 이런 사람들을 멀리했어. 그래서 더욱 굴원을 시기하는 사람들이 많았지. 이렇게 하는 사람들 대부분은 왕 앞에서 아첨하고, 자기 벼슬자리 챙기기에 바쁜 사람들이었거든.

굴원은 왕과 나라를 걱정하며 '이소'라는 시를 한 편 지었어.

"구사일생, 비록 아홉 번을 죽고 한 번을 살아남지 못하더라도 결코 후회하지 않을 것이다."

굴원은 시에서 이렇게 다짐하며, 왕이 지켜야 할 도리에 관한 생각도 담았어. 물론 왕의 주위를 둘러싼 간신배들을 염려하고, 왕을 걱정해서 그랬던 거야. 하지만 굴원을 미워한 간신들은 이 점을 이용했어. 굴원이 왕에 대해서 이상한 말을 한다면서 모함했어.

결국 굴원은 왕의 오해를 샀고, 귀양을 가는 신세가 되고 말았어. 죽음을 무릅쓰고 왕과 나라를 걱정하며 글을 올렸건만 왕은 굴원의 진심과 충성심을 알아주지 못했던 거야. 결국 굴원은 안타깝게도 물에 빠져 삶을 마감하고 말았다고 해.

굴원의 충성심에서 유래한 구사일생은 죽을 고비에서 간신히 살아난다는 뜻으로 쓰이고 있어.

'**엄마에게서 구사일생**'이라는 주제로
친구들이 자기 경험을 이야기하고 있어요.
여러분도 이와 비슷한 경험을 써 보세요.

우리 엄마가 굉장히 소중하게 여기는 손거울이 있어. 그런데 그걸 내가 잘못 건드려서 금이 갔어. 걱정이 되었지만 혼날 것 같아서 말은 안 했지. 그런데 다음 날, 엄마가 혼잣말을 하는 거야.
"어머, 내가 언제 이걸 떨어뜨렸지?"
정말 구사일생이었어.

엄마가 외출할 데가 있다고, 학교를 마치면 바로 집으로 오라고 신신당부를 하셨어. 그런데 문방구 앞에서 아이들이 오락을 하는 거야. 나도 하고 싶어서, 엄마에게 전화를 했지.
"숙제가 많아서, 도서실에서 하고 갈게요."
간신히 허락을 받았는데, 외출하던 엄마가 내 등 뒤로 지나가시는 거야. 다행히 엄마는 나를 보지 못하셨어. 정말 구사일생의 순간이었어.

엄마가 동생을 잘 돌봐 주면 시장에 다녀와서 용돈을 준다고 하셨어. 나는 나름대로 열심히 동생을 보살펴 주었는데 자꾸 귀찮게 하는 거야. 그래서 소리를 질렀더니 울음을 터뜨렸어. 엄마가 오실 때가 됐는데 큰일이었지. 간신히 달래서 울음을 그쳤는데 바로 그 순간 엄마가 돌아오셨어.
정말 구사일생이었지.

퀴즈 39

'열 숟가락을 모으면, 한 그릇의 밥이 된다.'는 뜻으로 '여럿이 힘을 합치면 한 사람을 도와주기가 쉽다.'는 의미를 가진 **고사성어**는?

① 상상이상 ② 십시일반 ③ 십시일밥 ④ 수십일밤

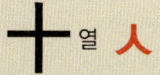

다음 한자의 음은 무얼까?

十 열 ㅅ	匙 숟가락 ㅅ	一 하나 ㅇ	飯 밥 ㅂ
섣달은 마지막 달인 **십이월(十二月)**이야.	**십시일반(十匙一飯)**은 '힘을 모아 돕는다.'는 교훈을 줘.	오늘 보여 준 것은 내 실력의 **일부분(一部分)**이야.	아침에 **반찬(飯饌)** 투정을 하다가 혼났어.

정답은 ❷ 십시일반

원래 뜻 » 열 숟가락을 모으면, 한 그릇의 밥이 된다.
담긴 뜻 » 여럿이 힘을 합치면 한 사람을 도와주기가 쉽다.

"콩 한 쪽도 나눠 먹는다."는 말이 있어요. 콩 한 쪽은 비록 작지만 나누면 둘이 되고, 둘은 넷이 되고, 그걸 또 나누면 여덟이 되지요. **쪼개면 쪼갤수록 많아지는 콩 한 쪽처럼 나눔의 마음도 이렇게 커지는 거예요.** 그것이 바로 십시일반의 교훈이지요. 요즘 십시일반은 여러 사람이 조금씩 힘을 합하면 쉽게 한 사람을 도울 수 있다는 뜻으로 주로 사용한답니다.

열 숟가락을 모으면 밥이 한 그릇

깊은 산속에 절이 하나 있었어. 식구들이 많지 않은 조그마한 절이었지. 어느 겨울날, 눈이 많이 내렸어.

"스님, 눈이 많이 왔어요."

밖을 내다보던 동자승이 큰스님에게 말했어.

"그렇구나. 많이도 왔다."

큰스님이 대답했어.

"그런데 스님, 저게 뭐지요?"

"뭐 말이냐?"

멀리서 커다란 눈덩어리가 천천히 다가오고 있는 거야. 가만히 지켜보니 눈덩어리가 아니라 사람인 것 같았어.

잠시 후, 온몸에 눈을 뒤집어쓴 사내 하나가 힘겹게 걸어 왔어.
"길을 잃은 모양이군요. 여기서 쉬다가 눈이 녹으면 떠나시지요."
큰스님의 말에 그 사람은 두 손을 모으고 감사 인사를 드렸어.
"그런데 스님……."
사내는 조금 망설이는 목소리로 말했어.
"저를 묵게 해 주셔서 고맙기는 한데, 저는 가진 게 아무것도 없습니다. 여기도 깊은 산속이어서 식량이 넉넉할 것 같지 않은데……."
"허허, 그런 걱정 하지 마십시오. 부족하면 나누면 되지요. 십시일반이라 하였습니다. 한 수저씩 덜어 내면 한 그릇이 금세 나온답니다."
사내는 그 말에 큰 감명을 받았어.
그래서 받은 도움을 평생 잊지 않고, 어려운 처지에 있는 사람들을 도와주며 살았대.

다음은 '십시일반'과 관련한 이야기예요. 글을 읽으며 십시일반의 교훈에 대해서 다시 생각해 보세요.

어느 절에서 있었던 이야기예요. 한 신도가 스님에게 물었어요.

"스님, 우리 집에는 작은 솥이 하나 있어요. 평소에 여기다 떡을 찌면 셋이 먹기에도 부족하지요. 그런데 백 사람이 모였을 때는 오히려 떡이 남았으니, 이게 어떻게 된 일인가요?"

스님이 대답했어요.

"서로 먹겠다고 다투면 두 사람에게도 부족하지만 서로 양보하면 백 명 아니라, 천 명이 먹어도 남는 거예요. 십시일반이랍니다."

스님들은 보통 여름과 겨울, 두 계절 동안 '안거'를 해요. '안거'는 스님들이 절에서 오로지 수행만 하는 거예요. 스님들이 안거를 하기 위해 절에 올 때는, 자기가 먹을 쌀을 스스로 가지고 와야 해요. 그리고 끼니때마다 쌀을 조금씩 내놓는다고 하지요.

그런데 절에 손님이 오면 어떻게 할까요? 스님들은 자기의 쌀을 한 숟가락씩 덜어서 그 손님에게 나누어 준대요. 이런 게 십시일반이랍니다.

퀴즈 40

'용을 그린 다음 눈동자를 찍는다.'는 뜻으로 '어떤 일을 할 때, 가장 중요한 부분을 마치어 일을 끝낸다.'는 의미를 담은 고사성어는?

① 화룡점정　② 화랑점자　③ 화룡점자　④ 화가점점

귀띔 — 다음 한자의 음은 무엇까?

畫 그림 ㅎ — 화가(畫家)는 그림을 그리는 게 직업이야.

龍 용 ㄹ — 화석을 보면 공룡(恐龍)들이 정말 살았다는 걸 알 수 있어.

點 점 ㅈ — 문장이 끝날 때는 온점(一點)을 찍어.

睛 눈동자 ㅈ — 화룡점정(畫龍點睛)의 뜻을 잘 새겨 보렴.

정답은 ❶ 화룡점정

용 그림에 점을 찍는다고?

장승요라는 사람이 있었어. 정말 뛰어난 그림 실력을 갖춘 사람이었지.

어느 정도 실력이었냐고? 세상의 어떤 것도 실물과 똑같이 그려 낼 수 있었어. 사람들은 어느 것이 실물이고 어느 것이 그림인지 구분하기 어려울 정도였대.

그런 그에게 하루는 스님이 찾아왔어.

"우리 절의 벽에 그림을 그려 주십시오."

"무슨 그림이지요?"

"용 그림입니다."

장승요는 잠시 고민하더니 고개를 끄덕였어. 그리고 나서 절을 찾아가 며칠에 걸쳐 그림을 완성했지.

물결처럼 꿈틀대는 몸통, 날카롭게 뻗은 발톱, 머리에서 꼬리까지 정말 근사한 용이 그려졌어. 그림을 보는 사람마다 칭찬을 아끼지 않았어.

"정말 대단하군! 금방이라도 튀어나올 것 같아!"

"에구! 나는 만지기도 겁난다우!"

그런데 조금 이상한 게 있었어. 용의 눈에 눈동자가 없는 거야.

스님은 장승요에게 물었어.

"그림에 왜 눈동자가 없지요?"

그러자 장승요가 조용히 말했어.

"눈동자를 그리면 용이 날아가 버리기 때문입니다."

스님은 장승요가 농담을 한다고 생각했어.

"허허허, 그런 걱정 말고 눈동자를 그려 주시오."

장승요는 머뭇거리더니 붓을 들었어. 그러고는 용의 눈에다 점 하나를 찍었어.

그 순간, 갑자기 하늘에서 천둥과 번개 소리가 들리더니 그림 속의 용이 순식간에 하늘로 솟아오르지 않았겠어?

사람들이 정신을 차렸을 땐, 이미 벽이 텅 비어 있었지.

이때부터 사람들은 마지막으로 마무리하는 가장 중요한 일을 '화룡점정'이라고 했대!

친구들이 모여서 '화룡점정'에 어울리는 자신의 경험을 말하고 있어요. 다음 중, 화룡점정과 전혀 관계없는 이야기를 한 사람은 누구일까요?

똑똑이: 내 방은 다 마음에 드는데 커튼이 없는 게 항상 아쉬웠어. 그런데 지난 일요일에 어머니가 커튼을 달아 주셔서 완벽해졌지!

척척이: 내 동생은 인형처럼 예쁘게 생겼어. 그런데 드레스를 입혀 놓으니까 정말 공주처럼 예쁘고 사랑스러운 거 있지!

엉뚱이: 내가 넘어져서 다리에 상처가 생겼어. 그런데 거기에 뜨거운 국물을 흘렸어. 아파서 죽는 줄 알았다니까.

발바리: 창밖에 눈이 펄펄 내렸어. 그런데 마침 옆집에서 크리스마스 캐럴이 흘러나오는 거야. 그야말로 크리스마스 분위기로 딱 맞았지!

화룡점정은 그렇지 않아도 훌륭하지만, 더욱 완벽하게 마무리할 때 쓰여요. 또한, 아주 작은 하나가 아쉬웠는데 그마저도 채워져서 마무리할 경우에 쓰이지요. 똑똑이의 커튼, 척척이 동생의 드레스, 발바리네 옆집 크리스마스 캐럴은 화룡점정에 속해요. 하지만 엉뚱이는 일이 완벽해진다기보다 더 나빠진 상황이에요. 그야말로 엎친 데 덮친 격이지요.

정답: 엉뚱이

부록 고사성어랑 희희낙락

다른 그림 찾기 • 176
고사성어 완성하기 • 178
숨은그림찾기 • 180
한자 읽어 보기 • 182
한자 찾아 쓰기 • 183
사다리 타기 • 184
미로 찾기 • 185
알맞은 말 찾기 • 186
어휘력 키우기 • 187
고사성어로 게임하기 • 188
정답 • 191
찾아보기 • 192

 # 다른 그림 찾기

[畫龍點睛] 용이 금방이라도 하늘로 날아올라 갈 것 같아요.
다음 두 그림에서 서로 다른 곳을 6군데 찾아보세요.

정답:191쪽

[管鮑之交] 친구 사이의 깊은 우정을 나타내는 고사성어들을 표현한 그림이에요.
다음 두 그림에서 서로 다른 곳을 5군데 찾아보세요.

정답:191쪽

고사성어 완성하기

빈칸에 알맞은 말을 넣어 고사성어를 완성하세요.

1. '아홉 번 죽을 뻔하다, 한 번 살아나다.'라는 뜻으로 '여러 차례 죽을 고비를 겪고 간신히 목숨을 건지다.'라는 의미를 지닌 고사성어는?

☐ 사 일 ☐

2. '변방(≒시골)에 있는 노인의 말'이라는 뜻으로, '벌어진 일의 결과가 좋고 나쁜 것은 미리 판단할 수 없다.'는 생각을 담은 고사성어는?

새 ☐ 지 ☐

3. '오두막을 세 번 찾아가다.'라는 뜻으로, '뛰어난 인재를 얻으려고 끝없이 노력한다.'는 뜻을 가진 고사성어는?

삼 ☐ ☐ 려

4. '어부의 이익'이라는 뜻으로 '두 사람이 다투는 바람에 엉뚱한 사람이 이익을 본다.'는 의미를 담은 고사성어는?

☐ ☐ 지 리

5. '계란에도 뼈가 있다.'는 뜻으로 '운이 나쁘면 어쩌다 좋은 기회를 만나도 일이 안 풀린다.'는 의미를 담은 고사성어는?

☐ ☐ 유 ☐

6. '닭의 무리 가운데 한 마리 학'이라는 뜻으로 '많은 사람 가운데 가장 뛰어난 인물'이라는 의미를 가진 고사성어는?

☐ 계 ☐ ☐

7. '창자가 끊어지다.'라는 뜻으로, '아주 깊은 슬픔'을 뜻하는 고사성어는?

☐ 장

8. '함흥에 간 차사'라는 뜻으로, '심부름을 간 사람이 아무 소식 없이 오지 않는다.'는 생각을 담은 고사성어는?

함 ☐ ☐ ☐

9. '풀을 엮어 은혜를 갚는다.'는 뜻으로, '죽어서도 은혜를 잊지 않는다.'는 다짐을 담은 고사성어는?

결 초 보 ☐

10. '머리는 용, 꼬리는 뱀'이라는 뜻으로 '처음은 좋았으나, 끝이 좋지 않다.'는 의미를 담은 고사성어는?

용 ☐ 사 ☐

11. '큰 그릇을 만드는 데는 시간이 걸린다.'는 뜻으로 '큰사람이 되기 위해서는 많은 노력과 시간이 필요하다.'는 의미를 담은 고사성어는?

☐ 기 만 ☐

12. '같은 병을 앓고 있는 사람끼리 서로 불쌍히 여긴다.'는 뜻으로 '어려운 처지에 있는 사람끼리 안타까워하며 돕는다.'는 의미를 지닌 고사성어는?

☐ ☐ 상 련

13. '한 번 보는 것이 백 번 듣는 것보다 좋다.'라는 뜻으로 '무엇이든지 자기가 직접 경험해야 확실히 안다.'는 의미를 지닌 고사성어는?

☐ 문 불 여 ☐ ☐

14. '지난날의 잘못을 고쳐, 착하게 변한다.'라는 뜻을 가진 고사성어는?

개 과 ☐ ☐

15. '배에 새겨 칼을 구한다.'는 뜻으로 '어리석고 미련하여 융통성이 없다.'는 의미로 사용되는 고사성어는?

각 주 구 ☐

16. '물을 등 뒤에 두고 진을 치다.'는 뜻으로 '물러설 곳이 없어, 어떤 일에 죽기를 각오하는 자세로 임하다.'라는 의미를 담은 고사성어는?

배 ☐ ☐

17. '달콤한 말과 이로운 이야기'라는 뜻으로 '상대방을 속이려고 하는 그럴듯한 말과 행동'이라는 의미를 지닌 고사성어는?

감 ☐ 이 ☐

18. '누구를 형이라 하기 어렵고, 누구를 동생이라 하기 어렵다.'는 뜻으로 '누가 더 나은지 가릴 수 없을 만큼 서로 비슷하다.'는 의미를 지닌 고사성어는?

☐ 형 ☐ 제

19. '복숭아밭에서 의형제를 맺다.'는 뜻으로 '뜻이 맞는 사람끼리 하나의 목적을 이루기 위해 행동을 같이 하기로 약속하다.'는 의미를 지닌 고사성어는?

도 원 ☐ ☐

20. '하늘은 높고, 말은 살찐다.'는 뜻으로 '아름다운 계절, 가을'을 뜻하는 고사성어는?

☐ 고 ☐ ☐

숨은그림찾기

[結草報恩] '풀을 엮어 은혜를 갚는다.'는 뜻으로,
'죽어서도 은혜를 잊지 않는다.'는 의미를 지닌 고사성어예요.
그림 속에 숨겨진 그림을 찾아보세요.

》 숨은 그림 : 바나나, 새, 고추, 가위, 옥수수

[鷄肋] '닭의 갈빗대'라는 뜻으로 '크게 쓸모는 없지만, 버리기는 아깝다.'라는 의미를 지닌 고사성어예요. 그림 속에 숨겨진 그림을 찾아보세요.

>> 숨은 그림 : 우산, 펜촉, 빗, 뒤집개, 오렌지

정답:191쪽

한자 읽어 보기

어떤 고사성어인지 한자를 읽고 써 보세요.

天 高 馬 肥

斷 腸

四 面 楚 歌

矛 盾

朝 三 暮 四

蛇 足

結 草 報 恩

杞 憂

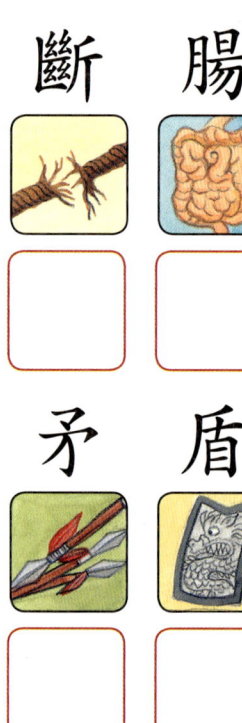
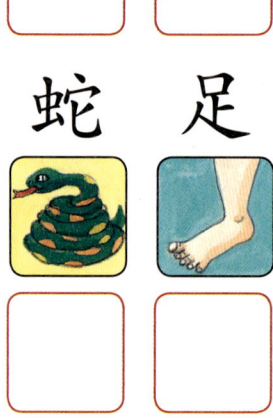

정답:191쪽

고사성어 한자 찾아 쓰기

다음 설명이 가리키는 고사성어는 무엇일까요? 아래 보기에서 한자를 찾아 쓰세요.

'달콤한 말과 이로운 이야기'라는 뜻으로 '상대방을 속이려고 하는 그럴듯한 말과 행동'이라는 의미를 지닌 고사성어?

'많으면 많을수록 좋다.'는 뜻을 가진 고사성어는?

'반딧불이와 눈의 빛으로 이룬 공'이라는 뜻으로 '가난한 형편에도 불구하고 열심히 공부한다.'는 교훈을 담은 고사성어는?

'우공이 산을 옮긴다.'라는 뜻으로, '끊임없이 노력하면 반드시 원하는 것을 이룬다.'는 교훈이 담긴 고사성어는?

公	功	甘	雪	水
之	馬	益	多	愚
山	多	四	善	言
利	說	螢	足	移

정답:191쪽

# 사다리 타기

다음 설명이 가리키는 고사성어는 무엇일까요? 사다리를 타고 내려가 보세요.

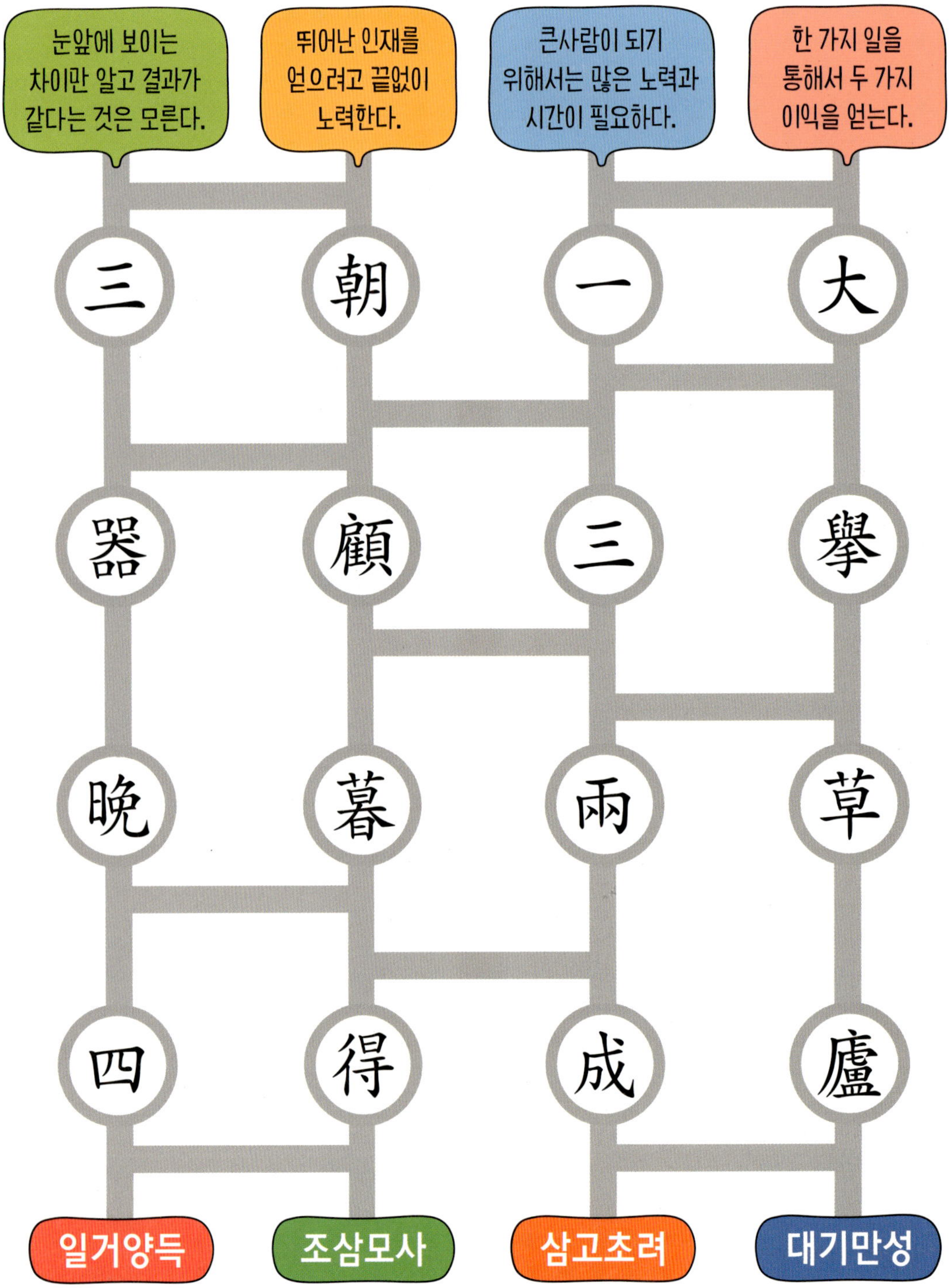

- 눈앞에 보이는 차이만 알고 결과가 같다는 것은 모른다.
- 뛰어난 인재를 얻으려고 끝없이 노력한다.
- 큰사람이 되기 위해서는 많은 노력과 시간이 필요하다.
- 한 가지 일을 통해서 두 가지 이익을 얻는다.

三 朝 一 大
器 顧 三 擧
晚 暮 兩 草
四 得 成 廬

일거양득　조삼모사　삼고초려　대기만성

정답:191쪽

고사성어 미로 찾기

맹자의 어머니는 자식의 교육 때문에 집을 세 번이나 옮겼어요.
맹자에게 새 집으로 이사 가는 길을 찾아 주세요.

정답:191쪽

고사성어 알맞은 말 찾기

다음 상황에 알맞게 사용할 수 있는 고사성어는 무엇일까요? 잘 생각하여 써 보세요.

01 공원에서 놀고 있는데 배가 살살 아프기 시작했다. 도저히 참을 수가 없어서 화장실로 달려갔다. 첫 번째 칸을 열었는데 너무 더러웠다. 누가 물을 안 내리고 그냥 간 모양이다. 다음 칸을 쓰려고 도로 나왔는데 뒷사람이 인상을 쓰며 나를 째려보았다. '헉, 이건 아닌데……. 이건 정말 ○○○○이에요.'

02 오늘부터 겨울 방학이다. 이번에는 꼭 살을 빼야지! 아침에 줄넘기를 무려 천 개나 했다. 다리가 후들거렸다. 첫날부터 무리를 했나? 다음 날은 다리가 너무 아파 쉬었다. 다음 날도 다리는 풀리지 않았다. 또 다음 날도……. 긴 방학이 그렇게 지나갔다. 헤헤, 비록 ○○○○지만 그래도 시작은 그럴듯했지?

03 다음 주에 시험이 있어서 시험 범위를 확인하고, 열심히 공부했다. 내용이 모두 낯익었다. '내 실력이 괜찮은 모양이야.' 그런 생각에 마음이 흐뭇했다. 시험 날이 되었다. 그런데 이게 어찌 된 일? 문제가 내가 공부한 내용과 전혀 달랐다. 난 지난번 시험 범위를 열심히 공부했던 것이다. 이게 바로 ○○○○이로구나!

04 내일은 소풍 가는 날, 온종일 마음이 설렜다. 정말 기대가 된다. 날씨를 확인해 보니 '맑음'이라고 한다. 하지만 걱정이 되었다. 일기예보가 늘 맞는 건 아니기 때문이다. 공연히 어두운 창밖을 내다보며 안절부절못하였다. 보다 못한 엄마가 소리를 지르셨다. "그런 걸 ○○라고 하는 거야. 들어가 자지 못해!"

05 동생이 초콜릿을 들고 거실로 나왔다. 한입 달라고 했지만 들은 척도 안 했다. 나도 어제 동생을 놀리며 과자를 혼자 먹었으니 할 말은 없다. 나는 마음에도 없는 칭찬을 늘어놓았다. 그러면 조금이라도 줄 것 같았기 때문이다. "그런 ○○○○에 내가 넘어갈 것 같아?" 우아, 정말 똑똑한 내 동생이다!

고사성어 — 어휘력 키우기

고사성어를 써서 문장을 만들어 보세요.

01 일거양득과 같은 이득을 얻은 적이 있나요?
'일거양득'을 써서 문장을 만들어 보세요.

02 형설지공과 같이 열심히 노력해 본 적이 있나요?
'형설지공'을 써서 문장을 만들어 보세요.

03 사면초가와 같은 어려운 상황을 겪어 본 적이 있나요?
'사면초가'를 써서 문장을 만들어 보세요.

04 함흥차사와 같이 누구를 기다리게 하거나 기다린 적이 있나요?
'함흥차사'를 써서 문장을 만들어 보세요.

05 감언이설과 같은 말에 속거나 속인 적이 있나요?
'감언이설'을 써서 문장을 만들어 보세요.

고사성어 카드 게임 방법

게임 1. 다다익선 카드 따기

◆◆ 인원 : 2명 이상　　◆◆ 준비물 : 고사성어 카드

1. 고사성어 카드를 잘 섞은 후 5장씩 나누어 갖습니다. (총 40장) 받은 카드는 상대방이 보지 않도록 손에 들고 있습니다.
2. 나머지 카드를 모아 한자면이 위를 향하도록 놓습니다.
3. 누가 먼저 시작할지 정합니다.
4. 카드 더미의 맨 위에 놓인 카드의 한자를 보고 고사성어를 말합니다. (정답을 모를 때는 자신의 손에 들고 있던 카드와 바꿀 수 있습니다. 카드를 바꾼 뒤에는 다음 사람에게 차례가 돌아갑니다.)
5. 카드를 뒤집어서 정답이면 말한 사람이 카드를 가져가고, 틀리면 상대편이 카드를 가져갑니다. (여러 명이 함께 할 때는 틀린 카드는 따로 둡니다.)
6. 카드 더미에 카드가 없으면 게임이 종료됩니다.
7. 가장 많은 카드를 가진 사람이 승리합니다.

게임 2. 난형난제 미션 게임

◆◆ 인원 : 2명 이상　　◆◆ 준비물 : 고사성어 카드, 게임 판

1. 고사성어 카드를 똑같이 나누어 갖습니다. (총 40장)
2. 게임 판에 말을 올려놓고 준비되면, 가위바위보를 합니다.
　 (가위로 이기면 1칸, 바위로 이기면 2칸, 보로 이기면 3칸 이동)
3. 이긴 만큼 말을 이동해, 말판에서 주어진 미션을 수행해야 합니다.
　 (진 사람은 자신의 카드 중 하나를 이긴 사람에게 보여 줍니다.)
4. 이긴 사람이 미션을 통과하면 진 사람이 보여 준 카드와 다른 카드를 한 장 상대편에서 가져올 수 있습니다. 미션을 통과하지 못하면 카드를 가져갈 수 없습니다.
5. 상대방 카드를 다 가져오거나, 도착지에 먼저 도착한 사람이 승리합니다.

게임 3. 화룡점정 낱말 완성 게임

◆◆ 인원 : 2명 이상　　◆◆ 준비물 : 낱글자 카드

1. 한자 낱글자 카드를 잘 섞어 펴 놓습니다. (총 56장)
2. 게임 시간을 정하고(5분~10분) 시작합니다.
3. 낱글자 카드를 조합해 고사성어를 만듭니다.
4. 주어진 시간 안에 고사성어를 많이 만들어 점수가 높은 사람이 승리합니다. (완성된 고사성어 총 14개)

규칙 : 남이 만들어 놓은 고사성어에서 카드를 가져올 수는 없습니다. 한 번 만들어 놓은 (사자) 고사성어 낱말카드는 움직일 수 없습니다. 시간 종료 후, 각자 카드를 3장 교체하여 변경할 수 있습니다.

점수 : 고사성어를 완성하면 1개당 10점. 만든 고사성어 중에 틀린 글자가 있으면 글자당 −5점

176P 〈다른 그림 찾기〉

180P 〈숨은그림찾기〉

184P 〈사다리 타기〉

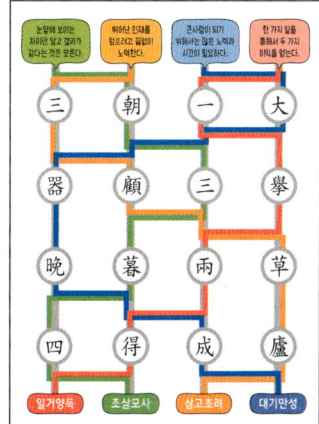

185P 〈미로 찾기〉

182P 〈한자 읽어 보기〉

1. 천 고 마 비 2. 단 장
3. 사 면 초 가 4. 모 순
5. 조 삼 모 사 6. 사 족
7. 결 초 보 은 8. 기 우

178P 〈고사성어 완성하기〉

1. 구 사 일 생   2. 새 옹 지 마
3. 삼 고 초 려   4. 어 부 지 리
5. 계 란 유 골   6. 군 계 일 학
7. 단 장   8. 함 흥 차 사
9. 결 초 보 은   10. 용 두 사 미
11. 대 기 만 성   12. 동 병 상 련
13. 백 문 불 여 일 견 14. 개 과 천 선
15. 각 주 구 검   16. 배 수 진
17. 감 언 이 설   18. 난 형 난 제
19. 도 원 결 의   20. 천 고 마 비

183P 〈한자 찾아 쓰기〉

1. 甘 言 利 說
2. 多 多 益 善
3. 螢 雪 之 功
4. 愚 公 移 山

186P 〈알맞은 말 찾기〉

1. 오 비 이 락
2. 용 두 사 미
3. 각 주 구 검
4. 기 우
5. 감 언 이 설

191

찾아보기

19. 각주구검 • 87
37. 감언이설 • 159
04. 개과천선 • 27
10. 결초보은 • 51
22. 계란유골 • 99
34. 계륵 • 147
35. 과유불급 • 151
09. 관포지교 • 47
38. 구사일생 • 163
28. 군계일학 • 123
32. 기우 • 139
36. 난형난제 • 155
30. 낭중지추 • 131
23. 다다익선 • 103

08. 단장 • 43
27. 대기만성 • 119
13. 도원결의 • 63
33. 동병상련 • 143
26. 마부작침 • 115
15. 맹모삼천 • 71
05. 모순 • 31
24. 배수진 • 107
31. 백문불여일견 • 135
17. 백아절현 • 79
03. 사면초가 • 23
12. 사족 • 59
16. 삼고초려 • 75
25. 새옹지마 • 111

39. 십시일반 • 167
02. 어부지리 • 19
29. 오비이락 • 127
21. 용두사미 • 95
07. 우공이산 • 39
20. 일거양득 • 91
01. 조삼모사 • 15
14. 천고마비 • 67
06. 함흥차사 • 35
18. 형설지공 • 83
11. 호가호위 • 55
40. 화룡점정 • 171

九	死	一	生
甘	言	利	說
難	兄	難	弟
大	器	晚	成
多	多	益	善
鷄	卵	有	骨
龍	頭	蛇	尾

九死一生 생 [날 生]	九死一生 일 [하나 一]	九死一生 사 [죽을 死]	九死一生 구 [아홉 九]
甘言利說 설 [말씀 說]	甘言利說 이 [이로울 利]	甘言利說 언 [말씀 言]	甘言利說 감 [달 甘]
難兄難弟 제 [아우 弟]	難兄難弟 난 [어려울 難]	難兄難弟 형 [형 兄]	難兄難弟 난 [어려울 難]
大器晚成 성 [이룰 成]	大器晚成 만 [늦을 晚]	大器晚成 기 [그릇 器]	大器晚成 대 [큰 大]
多多益善 선 [좋을(착할) 善]	多多益善 익 [더할 益]	多多益善 다 [많을 多]	多多益善 다 [많을 多]
鷄卵有骨 골 [뼈 骨]	鷄卵有骨 유 [있을 有]	鷄卵有骨 란 [알 卵]	鷄卵有骨 계 [닭 鷄]
龍頭蛇尾 미 [꼬리 尾]	龍頭蛇尾 사 [뱀 蛇]	龍頭蛇尾 두 [머리 頭]	龍頭蛇尾 용 [용 龍]

★ 점선을 따라 오려서 낱글자 카드를 만들어요!

一	擧	兩	得
天	高	馬	肥
螢	雪	之	功
結	草	報	恩
漁	夫	之	利
四	面	楚	歌
朝	三	暮	四

一舉兩得	一舉兩得	一舉兩得	一舉兩得
득 [얻을 得]	양 [두 兩]	거 [들 擧]	일 [하나 一]

天高馬肥	天高馬肥	天高馬肥	天高馬肥
비 [살찔 肥]	마 [말 馬]	고 [높을 高]	천 [하늘 天]

螢雪之功	螢雪之功	螢雪之功	螢雪之功
공 [공 功]	지 [갈 之]	설 [눈 雪]	형 [반딧불이 螢]

結草報恩	結草報恩	結草報恩	結草報恩
은 [은혜 恩]	보 [갚을 報]	초 [풀 草]	결 [맺을 結]

漁夫之利	漁夫之利	漁夫之利	漁夫之利
리 [이로울 利]	지 [갈 之]	부 [사내 夫]	어 [고기 잡을 漁]

四面楚歌	四面楚歌	四面楚歌	四面楚歌
가 [노래 歌]	초 [초나라 楚]	면 [낯 面]	사 [넉 四]

朝三暮四	朝三暮四	朝三暮四	朝三暮四
사 [넉 四]	모 [저물 暮]	삼 [석 三]	조 [아침 朝]

02 어떤 고사성어일까?
★★★☆☆

漁夫之利

고기 잡을 ㅇ   사내 ㅂ   갈 ㅈ   이로울 ㄹ(ㅇ)

'어부의 이익'이라는 뜻으로 '두 사람이 다투는 바람에 엉뚱한 사람이 이익을 본다.'는 의미를 담은 고사성어

01 어떤 고사성어일까?
★★★★☆

朝三暮四

   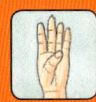
아침 ㅈ   석 ㅅ   저물 ㅁ   넉 ㅅ

'아침에 세 개, 저녁에 네 개'라는 뜻으로 '눈앞에 보이는 차이만 알고 결과가 같다는 것은 모른다.'는 의미를 담은 고사성어

04 어떤 고사성어일까?
★★★★★

改過遷善

고칠 ㄱ   잘못 ㄱ   옮길 ㅊ   착할 ㅅ

'지난날의 잘못을 고쳐, 착하게 변한다.'라는 뜻을 가진 고사성어

03 어떤 고사성어일까?
★★★★☆

四面楚歌

넉 ㅅ   낯 ㅁ   초나라 ㅊ   노래 ㄱ

'사방에서 초나라의 노래가 들린다.'는 뜻으로 '아무에게도 도움을 받을 수 없는 어려운 처지'를 나타내는 고사성어

조삼모사

눈앞의 차이에 대해서는 예민하지만
그 결과는 결국 같다는 걸 모를 때

>> 일주일에 책을 한 권 읽든지, 한 달에 네 권을 읽든지 선택하라니 조삼모사 아니야?
>> 조삼모사에 속지 않으려면 깊이 생각해서 대답해!

어부지리

서로 양보하지 않고 다투는 사이,
엉뚱한 사람이 이익을 볼 때

>> 과자를 두고 형과 누나가 다투는 바람에 내가 어부지리를 하였다.
>> 친구가 지각한 벌로 청소를 하는 바람에 청소 당번인 나는 어부지리를 하였다.

사면초가

사방을 둘러봐도
아무런 도움도 받을 수 없는 처지일 때

>> 준비물을 가져오지 않았는데, 빌려 줄 친구도 없고, 가져다 줄 엄마도 외출하고 안 계시니 사면초가야!
>> 앞에도 적, 뒤에도 적, 사면초가 신세다!

개과천선

지난날의 잘못을 확실히 고쳐,
정말 착하게 변할 때

>> 작년까지만 해도 친구들을 그렇게 괴롭히더니 개과천선했는지 친구를 정말 잘 도와주던걸!
>> 지난날의 잘못은 지우고, 제발 개과천선하렴!

06 어떤 고사성어일까?

★★★★★

咸興差使

 모두 ㅎ  흥할 ㅎ  어긋날 ㅊ  사신 ㅅ

'함흥에 간 차사'라는 뜻으로, '심부름을 간 사람이 아무 소식 없이 오지 않는다.'는 생각을 담은 고사성어

05 어떤 고사성어일까?

★★★☆☆

矛盾

창 ㅁ 방패 ㅅ

'창과 방패'라는 뜻으로, '앞뒤가 전혀 맞지 않는 말이나 행동'을 가리키는 고사성어

08 어떤 고사성어일까?

★★★★☆

斷腸

 끊을 ㄷ 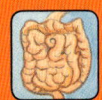 창자 ㅈ

'창자가 끊어지다.'라는 뜻으로, '아주 깊은 슬픔'을 뜻하는 고사성어

07 어떤 고사성어일까?

★★★★★

愚公移山

 어리석을 ㅇ  귀인 ㄱ  옮길 ㅇ  뫼 ㅅ

'우공이 산을 옮긴다.'라는 뜻으로, '끊임없이 노력하면 반드시 원하는 것을 이룬다.'는 교훈이 담긴 고사성어

모순

앞뒤가 맞지 않는 말이나
행동을 할 때

>> 입으로는 슬프다고 말하면서, 저렇게 표정이 밝은 건 모순 아닐까?
>> 말과 행동이 전혀 다르니 정말 모순이야!

함흥차사

심부름을 간 사람이 아무 소식 없이
돌아오지 않거나, 너무 늦게 왔을 때

>> 통닭을 사 오신다던 엄마는 어째서 함흥차사야?
>> 숙제가 뭔지만 물어보고 금방 온다던 윤재가 두 시간이 지나도록 함흥차사야!

우공이산

최선을 다해 꾸준히 노력하여
원하는 바를 성취하였을 때

>> 발바리는 결코 똑똑하다고 할 수는 없는데, 우공이산의 노력으로 전교 일등이 되었어.
>> 우공이산의 각오를 가진다면 불가능이란 없어.

단장

창자가 끊어지는 것 같은 고통이 느껴지는
큰 슬픔을 겪을 때

>> 사고로 자식을 잃은 부모들의 고통, 그게 바로 단장의 아픔이야.
>> 단장의 아픔은 약으로는 치료하기 어려워!

10 結草報恩

어떤 고사성어일까?

★★★★★

맺을 ㄱ　풀 ㅊ　갚을 ㅂ　은혜 ㅇ

'풀을 엮어 은혜를 갚는다.'는 뜻으로, '죽어서도 은혜를 잊지 않는다.'는 다짐을 담은 고사성어

---

09 管鮑之交

어떤 고사성어일까?

★★★★☆

피리 ㄱ　절인물고기 ㅍ　갈 ㅈ　사귈 ㄱ

'관중과 포숙아의 사귐'이라는 뜻으로, '친구 사이의 깊은 우정'을 강조하는 고사성어

---

12 蛇足

어떤 고사성어일까?

★★★★☆

 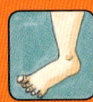

뱀 ㅅ　발 ㅈ

'뱀의 발'이라는 뜻으로, '쓸데없는 짓을 해서 일을 망치다.'는 의미를 가진 고사성어

---

11 狐假虎威

어떤 고사성어일까?

★★★★★

여우 ㅎ　거짓 ㄱ　범 ㅎ　위엄 ㅇ

'여우가 호랑이의 힘을 빌린다.'는 뜻으로, '남이 가진 힘을 빌려 허세를 부린다.'는 의미를 담은 고사성어

관포지교

모든 것을 믿어 주고 이해해 주는
진실한 친구가 있을 때

>> 관포지교를 나누는 친구가 하나라도 있다면, 정말 행복한 사람이 아닐까?
>> 힘들 때면 생각나는 씩씩이, 이런 게 관포지교인가?

결초보은

받은 은혜를
결코 잊지 않고 갚을 때

>> 헤헤, 피자만 사 주신다면 이 은혜에 반드시 결초보은하겠습니다!
>> 고마우신 은혜, 잊지 않고 결초보은할 겁니다.

호가호위

자기는 마땅한 힘도 없으면서 남을 앞세워
우쭐거리거나 잘난 체할 때

>> 혼자서는 아무것도 할 줄 모르면서 제 형만 믿고 호가호위하는 꼴이 보기 싫어!
>> 심퉁이는 형만 옆에 있으면 무조건 호가호위야.

사족

지나친 욕심으로 하지 않아도 될
말이나 행동을 해서 일을 그르칠 때

>> 그 말만 안 했으면 좋았을걸. 그건 정말 사족이었어.
>> 더 이상 사족은 달지 말고, 제발 간단히 말해!

14

어떤 고사성어일까?

★★★★☆

天高馬肥

하늘 ㅊ   높을 ㄱ   말 ㅁ   살찔 ㅂ

'하늘은 높고, 말은 살찐다.'는 뜻으로 '아름다운 계절, 가을'을 뜻하는 고사성어

13

어떤 고사성어일까?

★★★★★

桃園結義

복숭아 ㄷ   동산 ㅇ   맺을 ㄱ   옳을 ㅇ

'복숭아밭에서 의형제를 맺다.'는 뜻으로 '뜻이 맞는 사람끼리 하나의 목적을 이루기 위해 행동을 같이하기로 약속하다.' 는 의미를 지닌 고사성어

16

어떤 고사성어일까?

★★★★★

三顧草廬

석 ㅅ   돌아볼 ㄱ   풀 ㅊ   오두막 ㄹ

'오두막을 세 번 찾아가다.'라는 뜻으로, '뛰어난 인재를 얻으려고 끝없이 노력한다.'는 뜻을 가진 고사성어

15

어떤 고사성어일까?

★★★★★

孟母三遷

맏 ㅁ   어미 ㅁ   석 ㅅ   옮길 ㅊ

'맹자의 어머니가 세 번 집을 옮기다.'라는 뜻으로 '자식의 교육을 중요하게 여겨 사는 곳을 옮겨 다닌다.'는 의미를 가진 고사성어

도원결의

어떤 목적을 이루기 위하여, 뜻이 맞는 사람끼리 행동을 같이 하기로 약속할 때

» 학급 임원이라면 도원결의로 뭉쳐서 우리 반을 위해 노력해야 할 거야.
» 뜻이 맞는다면 도원결의라도 해야 하는 거 아니야?

천고마비

아름답고 풍요로운 계절, 가을을 가리킬 때

» 가을은 천고마비의 계절이라더니, 잃어버린 입맛이 돌아왔어.
» 천고마비의 계절인 가을은 책을 읽기에도 좋다.

맹모삼천

자식을 훌륭하게 키우고, 가르치기 위하여 최선의 노력을 다할 때

» 연기자가 꿈인 민지를 위해, 어머니는 맹모삼천의 마음으로 방송국이 있는 큰 도시로 이사를 왔다.
» 나는 어머니의 헌신, 맹모삼천으로 성공할 수 있었다.

삼고초려

훌륭한 인재를 얻기 위해 참을성을 갖고 끝까지 최선을 다할 때

» 이번에 오신 우리 학교 축구 감독님은 교장 선생님이 삼고초려 끝에 모시고 온 분이래.
» 끝없는 거절에도 삼고초려를 해서 허락을 받았어!

18 ★★★★☆

螢雪之功

반딧불이 ㅎ　눈 ㅅ　갈 ㅈ　공 ㄱ

'반딧불이와 눈의 빛으로 이룬 공'이라는 뜻으로 '가난한 형편에도 불구하고 열심히 공부한다.'는 교훈을 담은 고사성어

17 ★★★★★

伯牙絶絃

 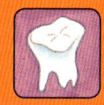  
맏 ㅂ　어금니 ㅇ　끊을 ㅈ　악기 줄 ㅎ

'백아가 스스로 악기 줄을 끊는다.'는 뜻으로 '자기를 알아주는 진정한 벗의 죽음을 슬퍼하다.'는 의미를 담은 고사성어

20 ★★★★☆

一擧兩得

하나 ㅇ　들 ㄱ　두 ㅇ　얻을 ㄷ

'하나를 들어 두 개를 얻는다.'는 뜻으로 '한 가지 일을 통해서 두 가지 이익을 얻는다.'는 의미로 사용되는 고사성어

19 ★★★★★

刻舟求劍

새길 ㄱ　배 ㅈ　구할 ㄱ　칼 ㄱ

'배에 새겨 칼을 구한다.'는 뜻으로 '어리석고 미련하여 융통성이 없다.'는 의미로 사용되는 고사성어

백아절현

나를 진정으로 이해하는
참다운 벗을 잃었을 때

>> 유치원 때 만나서 같이 울고 웃으며 자란 나와 똥똥이는 백아절현 할 사이!
>> 백아절현 할 수 있는 친구, 단 한 명만 있어도 좋겠다.

형설지공

정말 가난하고 어려운 형편에도
전혀 굴하지 않고 열심히 공부할 때

>> 그 어려운 형편에서도 형설지공 하더니 결국 꿈을 이룬 장한 소년이란다!
>> 형설지공의 노력 없이는 성공할 수 없어!

각주구검

너무 미련하여 도무지 융통성이 없는
어리석은 사람을 가리킬 때

>> 놀이공원이 쉬는 날이라고 말해도, 혹시 모른다며 가 보자고 우기는 내 동생은 각주구검이다!
>> 사과가 떨어지길 기다리며, 온종일 입을 벌리고 있다니 각주구검이야!

일거양득

어떤 일의 결과가
두 가지 이익으로 나타날 때

>> 수행평가 때문에 열심히 줄넘기를 했는데, 몸까지 날씬해졌으니 정말 일거양득이군!
>> 꿩 먹고, 알까지 먹는 게 바로 일거양득!

22

어떤 고사성어일까?

★★★★★

鷄卵有骨

   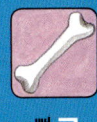

닭ㄱ　알ㄹ　있을ㅇ　뼈ㄱ

'계란에도 뼈가 있다.'는 뜻으로 '운이 나쁘면 어쩌다 좋은 기회를 만나도 일이 안 풀린다.'는 의미를 담은 고사성어

21

어떤 고사성어일까?

★★★★★

龍頭蛇尾

 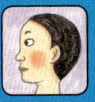  

용ㅇ　머리ㄷ　뱀ㅅ　꼬리ㅁ

'머리는 용, 꼬리는 뱀'이라는 뜻으로 '처음은 좋았으나, 끝이 좋지 않다.'는 의미를 담은 고사성어

24

어떤 고사성어일까?

★★★★☆

背水陣

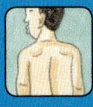  

등ㅂ　물ㅅ　진칠ㅈ

'물을 등 뒤에 두고 진을 치다.'는 뜻으로 '물러설 곳이 없어, 어떤 일에 죽기를 각오하는 자세로 임하다.'라는 의미를 담은 고사성어

23

어떤 고사성어일까?

★★★☆☆

多多益善

많을ㄷ　많을ㄷ　더할ㅇ　좋을(착할)ㅅ

'많으면 많을수록 좋다.'는 뜻을 가진 고사성어

용두사미

처음은 아주 거창하고 보기 좋지만,
끝이 흐지부지할 때

>> 시합하기 전에는 엄청나게 떠벌이더니, 슬그머니 사라져 보이지도 않네. 그 친구 용두사미군.
>> 말만 그럴듯하게 하면서 실천은 않는 게 용두사미야!

계란유골

어쩌다 좋은 일이 생겨도
제대로 덕을 보지 못할 만큼 운이 나쁠 때

>> 보물찾기에서 간신히 찾아낸 종이에 쓰인 글자가 '꽝'이라니, 이런 계란유골이 있나?
>> 뒤로 넘어져도 코가 깨진다면 분명 계란유골이지!

다다익선

많으면 많을수록 더 좋은데,
무언가 부족하여 그것의 가치를 더 느낄 때

>> 친구는 다다익선이라지만, 단 한 명이라도 진정한 친구를 사귀는 것이 좋겠지!
>> 독서는 다다익선이니 책을 많이 읽자!

배수진

물러설 곳이 없어, 어떤 일에
죽기를 각오하는 자세로 임할 때

>> 이번에 지면 탈락이 확정되기 때문에 배수진을 치고 죽을 각오로 해야 해!
>> 배수진을 치고 열심히 했더니 합격했네!

26

어떤 고사성어일까?

★★★★★

磨斧作針

갈 ㅁ　도끼 ㅂ　만들 ㅈ　바늘 ㅊ

'도끼를 갈아 바늘을 만든다.'는 뜻으로 '아무리 어려운 일이라도 끈기 있게 노력하면 이룰 수 있다.'는 의미를 담은 고사성어

25

어떤 고사성어일까?

★★★★☆

塞翁之馬

변방 ㅅ　어르신 ㅇ　갈 ㅈ　말 ㅁ

'변방(≒시골)에 있는 노인의 말'이라는 뜻으로, '벌어진 일의 결과가 좋고 나쁜 것은 미리 판단할 수 없다.'는 생각을 담은 고사성어

28

어떤 고사성어일까?

★★★★★

群鷄一鶴

무리 ㄱ　닭 ㄱ　하나 ㅇ　학 ㅎ

'닭의 무리 가운데 한 마리 학'이라는 뜻으로 '많은 사람 가운데 가장 뛰어난 인물'이라는 의미를 가진 고사성어

27

어떤 고사성어일까?

★★★★★

大器晚成

큰 ㄷ　그릇 ㄱ　늦을 ㅁ　이룰 ㅅ

'큰 그릇을 만드는 데는 시간이 걸린다.'는 뜻으로 '큰사람이 되기 위해서는 많은 노력과 시간이 필요하다.'는 의미를 담은 고사성어

새옹지마

눈앞에 벌어진 일이 결과적으로
복이 될지, 화가 될지 예측할 수 없을 때

≫ 버스를 놓쳐 터덜터덜 걷는데, 새옹지마라더니 마침 이웃집 아주머니 차를 얻어 타고 편안히 왔어!
≫ 새옹지마라고 했어. 곧 좋은 일이 생길 거야.

마부작침

무척 어려운 일이지만
끈기 있는 노력이 필요할 때

≫ 발명왕 에디슨은 천재적 감각과 함께 마부작침의 노력이 있었다.
≫ 마부작침 할 수 있다면 무엇을 못 이루겠는가?

대기만성

큰사람이 되기 위해서는 많은 노력과
시간이 필요하다는 교훈을 알릴 때

≫ 지금 서툴다고 걱정하지만 정말 크게 될 사람은 대기만성 하는 법이야.
≫ 결코 서두르지 않는 게, 대기만성의 비결이야.

군계일학

수많은 사람들 가운데 특별히
뛰어난 인물을 가리킬 때

≫ 내가 좋아하는 가수는 걸그룹 속에서도 단연 군계일학이야!
≫ 저 멀리서도 군계일학으로 눈부시게 빛나는 너!

30

어떤 고사성어일까?

★★★★★

囊中之錐

주머니 ㄴ   가운데 ㅈ   갈 ㅈ   송곳 ㅊ

'주머니 안에 있는 송곳'이라는 뜻으로 '재주가 뛰어난 사람은 숨어 있어도 드러난다.'는 의미를 지닌 고사성어

29

어떤 고사성어일까?

★★★★★

烏飛梨落

까마귀 ㅇ   날 ㅂ   배나무 ㅇ   떨어질 ㄹ

'까마귀 날자 배 떨어진다.'는 뜻으로 '아무 관계 없는 일이 뜻하지 않게 동시에 일어나, 마치 상관있는 것처럼 억울한 의심을 받는다.'는 의미를 담은 고사성어

32

어떤 고사성어일까?

★★★★☆

杞憂

나라 이름 ㄱ   근심 ㅇ

'기나라 사람의 근심'이라는 뜻으로 '쓸데없는 걱정, 혹은 안 해도 될 근심'이라는 의미를 지닌 고사성어

31

어떤 고사성어일까?

★★★★☆

百聞不如一見

일백 ㅂ   들을 ㅁ   아니 ㅂ   같을 ㅇ   하나 ㅇ   볼 ㄱ

'한 번 보는 것이 백 번 듣는 것보다 좋다.'라는 뜻으로 '무엇이든지 자기가 직접 경험해야 확실히 안다.'는 의미를 지닌 고사성어

오비이락

아무 상관 없는 일이 동시에 벌어져서
마치 서로 관련 있는 것 같은 의심을 받을 때

>> 오비이락이에요, 내가 만져 보려 하긴 했지만, 만지기도 전에 떨어졌어요.
>> 그건 오해야, 오비이락일 뿐이야.

낭중지추

뛰어난 재주를 가지고 있어,
나타내지 않으려 해도 저절로 눈에 뜨일 때

>> 심퉁이는 키는 작지만, 축구 실력만큼은 정말 낭중지추야!
>> 발발이의 춤 솜씨는 단연 낭중지추이다.

백문불여일견

그저 듣기만 하는 것보다 한 번
직접 경험하는 것이 더 확실히 이해될 때

>> 백문이 불여일견이라고 말로는 소용이 없어. 내 여자 친구가 얼마나 예쁜지 보여 줄게.
>> 가을 설악산의 아름다움, 정말 백문불여일견이야!

기우

안 해도 좋을 근심,
쓸데없는 걱정을 할 때

>> 내 마음을 받아 주지 않을까 봐 고민했는데, 정말 기우에 불과했어!
>> 소풍 가는 날, 비가 올까 봐 잠을 못 잤는데 기우였어.

34

어떤 고사성어일까?

★★★★★

鷄肋

 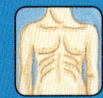

닭 ㄱ　　갈빗대 ㄹ(ㄴ)

'닭의 갈빗대'라는 뜻으로 '크게 쓸모는 없지만, 버리기는 아깝다.'라는 의미를 지닌 고사성어

33

어떤 고사성어일까?

★★★★★

同病相憐

한가지 ㄷ　병들 ㅂ　서로 ㅅ　불쌍히 여길 ㄹ

'같은 병을 앓고 있는 사람끼리 서로 불쌍히 여긴다.'는 뜻으로 '어려운 처지에 있는 사람끼리 안타까워하며 돕는다.'는 의미를 지닌 고사성어

36

어떤 고사성어일까?

★★★★★

難兄難弟

어려울 ㄴ　형 ㅎ　어려울 ㄴ　아우 ㅈ

'누구를 형이라 하기 어렵고, 누구를 동생이라 하기 어렵다.'는 뜻으로 '누가 더 나은지 가릴 수 없을 만큼 서로 비슷하다.'는 의미를 지닌 고사성어

35

어떤 고사성어일까?

★★★★★

過猶不及

지나칠 ㄱ　오히려 ㅇ　아니 ㅂ　미칠 ㄱ

'지나친 것은 모자란 것과 마찬가지다.'라는 뜻을 지닌 고사성어

동병상련

어려운 처지에 있는 사람끼리
안타까워하며 서로 도울 때

》 엄마는 드라마 주인공의 처지가 동병상련이라면서 눈물을 훌쩍이셨다.
》 동병상련의 심정이 되면, 진심으로 이해가 될 거야.

계륵

별로 쓸모는 없지만,
내다 버리기에는 어쩐지 아까울 때

》 장난감 자동차가 아까워 버리지는 못하겠고, 더 이상 쌓아 둘 데는 없으니 이게 바로 계륵이로군!
》 아직 예쁜데, 유행 때문에 입지 못하니 계륵이다.

과유불급

너무 지나친 것은 오히려 모자란 것과
마찬가지인 상황일 때

》 건강을 챙긴다고 지나치게 운동을 하다 몸이 아프다니 과유불급이지!
》 욕심을 부려 급히 먹다가 혀를 깨물은 것도 과유불급이라 할 수 있어.

난형난제

두 사람의 능력이 누가 더 나은지
가리기 어려울 만큼 비슷할 때

》 저 두 선수는 누가 승리할지 도무지 예상할 수 없을 만큼 난형난제야!
》 축구는 우리 반에서 나와 심통이가 난형난제!

38 ★★★☆☆
九死一生

아홉 ㄱ　죽을 ㅅ　하나 ㅇ　날 ㅅ

'아홉 번 죽을 뻔하다, 한 번 살아나다.'라는 뜻으로 '여러 차례 죽을 고비를 겪고 간신히 목숨을 건지다.'라는 의미를 지닌 고사성어

37 ★★★★☆
甘言利說

달 ㄱ　말씀 ㅇ　이로울 ㅇ(ㄹ)　말씀 ㅅ

'달콤한 말과 이로운 이야기'라는 뜻으로 '상대방을 속이려고 하는 그럴듯한 말과 행동'이라는 의미를 지닌 고사성어

40 ★★★★★
畵龍點睛

그림 ㅎ　용 ㄹ　점 ㅈ　눈동자 ㅈ

'용을 그린 다음 눈동자를 찍는다.'는 뜻으로 '어떤 일을 할 때, 가장 중요한 부분을 마치어 일을 끝낸다.'는 의미를 담은 고사성어

39 ★★★★☆
十匙一飯

열 ㅅ　숟가락 ㅅ　하나 ㅇ　밥 ㅂ

'열 숟가락을 모으면, 한 그릇의 밥이 된다.'는 뜻으로 '여럿이 힘을 합치면 한 사람을 도와주기가 쉽다.'는 의미를 가진 고사성어

감언이설

그럴듯한 말과 행동으로
상대방을 속이려고 할 때

>> 선거에 나와서는 뽑아 달라고 온갖 감언이설을 하더니, 당선되고는 확 달라졌네!
>> 품질이 좋다고 해서 샀는데, 감언이설이었어.

구사일생

죽음에 이를 정도로 엄청나게 어려운
고비에서 극적으로 살아났을 때

>> 강물이 갑자기 엄청나게 불어서 급류에 휩싸였는데, 구사일생으로 살아난 우리 강아지.
>> 모든 재난 현장에 구사일생의 기적은 있는 법이다.

십시일반

여러 사람이 힘을 합쳐
어려운 한 사람을 도와줄 때

>> 작은 정성을 모아 십시일반 했을 뿐인데, 정말 큰 돈이 되었다.
>> 십시일반의 마음으로 돕는 것도 한 방법이야!

화룡점정

어떤 일의 과정에서 그 일을 완성시키는
가장 중요한 마무리를 가리킬 때

>> 학예회날 예단이는 노래도 잘 불렀지만, 의상이 화룡점정이었다.
>> 느끼한 음식을 먹을 때는 김치 한 조각이 화룡점정이지!